Ullrich Kroemer

ELF HELDEN

Wie die Stars von RB Leipzig ihre Träume wahr machten

VERLAG DIE WERKSTATT

17

Inhaltsverzeichnis

WERNER
POULSEN
OLMO
FORSBERG
SZOBOSZLAI
D. KAISER
GVARDIOL
J. KAISER
ORBÁN
SIMAKAN
GULÁCSI

Vorwort

Fußballprofis müssen ständig Fragen beantworten: nach Trainings und Spielen, nach überstandenen Verletzungen und Vertragsverlängerungen. Doch meist geht es dabei um Tagesaktuelles: Tore, Team, Trainer, Tabelle, Taktik, Titel. Für dieses Buch nun bot sich die Gelegenheit, mit elf Leipziger Helden wie Emil Forsberg und Dani Olmo, Joško Gvardiol und Timo Werner ausführlich über ihre Kindheit und Jugend zu sprechen. Mich hat interessiert, wodurch und wann sich entschied, dass diese Spieler es eines Tages zu den Profis schaffen würden. Wie haben die heutigen Stars als Kinder getickt? Woher rührt ihr Ehrgeiz? Und wie wurden sie auf ihrem Weg unterstützt?

Herausgekommen sind elf ganz individuelle Geschichten mit spannenden Einblicken und teils kuriosen Anekdoten aus den Kinder- und Jugendtagen der Spieler. Beeindruckend ist, dass keine Geschichte der anderen gleicht. Willi Orbán spielte bereits mit sechs Jahren bei einem Deutschen Meister, andere, wie Dominik Kaiser, merkten erst mit über 20, dass sie tatsächlich das Zeug zum Profi haben. Viele Spieler hatten bereits in jungen Jahren Hürden zu überwinden, um es bis nach ganz oben zu schaffen: Emil Forsberg etwa war lange so klein, dass man ihm keine Profikarriere zutraute; Johanna Kaiser, Spielführerin der Leipziger Frauen, musste mit Mobbing durch eine Teamkollegin umgehen.

In erster Linie ist dieses Buch für Kinder und Jugendliche gedacht – auch zur Inspiration, die eigenen Träume wahr zu machen. Doch auch erwachsene Fans werden in den Porträts Perspektiven und Informationen bekommen, die sie so noch nicht gelesen haben. Obwohl ich als RB-Reporter viele Spieler bereits seit Jahren kenne, haben die meist sehr offenen Schilderungen über die Anfänge auch mein Bild der Akteure ergänzt.

Ein großer Dank geht an Emil Forsberg, Péter Gulácsi, Joško Gvardiol, Dominik Kaiser, Johanna Kaiser, Dani Olmo, Willi Orbán, Yussuf Poulsen, Mohamed Simakan, Dominik Szoboszlai und Timo Werner. Dafür, dass sie sich Zeit genommen und so offen über ihre Kindheit und Jugend gesprochen haben, was im Bundesliga-Geschäft nicht alltäglich ist. Und Per Windmüller von RB Leipzig danke ich für die Organisation und Unterstützung der Gespräche.

Meinem Sohn Arthur danke ich für die Inspiration für dieses Buch; und meiner Tochter Wanda und meiner Frau Wiebke wie immer für den familiären Support.

Viel Freude bei elf Geschichten über elf Helden von RB Leipzig.

Ullrich Kroemer
Leipzig, März 2023

1:1
veganz
WAHRE HELDEN S EN ZU IHRER MANNSCHAFT
Ur-Krostitzer
FEINHERBES

Veganz

GRÖSSTE ERFOLGE

DFB-Pokalsieger 2022
Aufstieg Bundesliga 2016
Aufstieg 2. Liga 2014
EM-Halbfinale 2021

Auf Sprungfedern werden Träume wahr

Yussuf Poulsen wusste immer, dass er eines Tages Fußball-Profi werden würde – auch wenn er sich selbst zu Probetrainings einladen musste. Auf diesem außergewöhnlichen Weg spielten das dänische Nationalstadion Parken und ein Guinness-Rekord im Sprungfeder-Hüpfen entscheidende Rollen.

YUSSUF YURARY POULSEN

Die Klasse von 1994: Aus diesem Nachwuchsteam wurden sechs Spieler Profis, unter anderem Pierre-Emile Højberg (untere Reihe ganz links), Kenneth Zohore (obere Reihe ganz links), Casper Højer Nielsen (unten ganz rechts) und Poulsen selbst (oben Mitte).

Das dänische Nationalstadion Parken in seiner Heimatstadt Kopenhagen hat für Yussuf Poulsen eine ganz besondere Bedeutung. Als Kind spielte er nur wenige Meter entfernt bei seinem ersten Verein BK Skjold, noch heute wohnt seine Mutter nur 250 Meter entfernt. „Jeden zweiten Tag bin ich dort mit dem Fahrrad auf dem Weg zum Training vorbeigefahren", erzählt der Rekordspieler von RB Leipzig. „Ich habe als Kind rüber zum Parken geschaut und gesagt: Da will ich hin! Es war immer mein Traum, dort spielen zu können." Der groß gewachsene, kantige und athletische Stürmer mit der Rastafrisur hat in seiner langen Karriere schon in größeren Arenen auf der Welt gespielt. Doch mit dem früheren Sehnsuchtsort Parken verbindet Yussuf Poulsen eine enge Geschichte. Die Geschichte, wie es ein Junge mit reichlich Bewegungsdrang, verrückten Ideen und unbändigem Willen schaffte, Fußball-Profi zu werden, obwohl es ihm lange kaum einer zutraute.

Früher Tod des Vaters war ein Schock

Diese Geschichte begann ganz in der Nähe des Stadions, als Yussuf Poulsen drei Jahre alt war. Wenn er die Augen schließt und an seine früheste Fußballerinnerung denkt, dann sieht er seinen Vater Shihe Yurary im Fælledparken kicken. Im größten Park Kopenhagens, der direkt an das Nationalstadion grenzt, fand den Sommer über immer sonntags der African Nations Cup statt. Männer, die aus Afrika stammen, traten dort mit ihren Nationen gegeneinander an. Poulsens Vater Shihe war mit einem Containerschiff aus dem ostafrikanischen Tansania nach Dänemark gekommen, verliebte sich in die Stadt Kopenhagen und vor allem in Yussuf Poulsens Mutter Lene und blieb. Immer sonntags spielte er also mit dem dänisch-tansanischen Nationalteam gegen andere afrikanische Hobby-Fußballer. Und Yussuf Poulsen war als kleiner Junge mit der ganzen Familie dabei. Ob Shihe Yurary ein guter Fußballer war, ist heute schwer zu sagen. Doch optisch und auch von der Art her ähnelt Yussuf seinem Vater sehr. „Wir haben sehr viele Ähnlichkeiten, ich habe zum Beispiel seine Ruhe, das Aussehen, mehr oder weniger die gleiche Statur", erzählt er.

Die Sommerwochen im Fælledparken sind auch deswegen so prägende Erinnerungen für den heutigen Profi, weil sein Vater an Krebs starb, als Yussuf gerade fünf Jahre alt war. Ein Schock für die junge Familie. „Das war schlimm für mich und meine Familie. Wir haben lernen müssen, ohne ihn zu leben. Heute verbinde ich jedes Spiel auch mit ihm“, erzählte Poulsen einst. Um mit dem Schicksalsschlag umzugehen, half ihm auch der Fußball. „Zusammengehörigkeit hilft in solchen Phasen ungemein. Und wir hatten ein großes Zusammengehörigkeitsgefühl im Team, sind jeden Tag zusammen zum Fußball gefahren“, erinnert sich Poulsen.

Sechs Kinder aus Poulsens Team wurden Profis

Bereits mit vier Jahren wollte er selbst regelmäßig Fußball spielen und seine Eltern meldeten ihn gleich nebenan beim BK Skjold an, einem ambitionierten Breitensportverein mit vielen Mitgliedern. Doch kurz darauf hörte „Yussi“ schon wieder auf. „Meine Mutter hat mir erzählt, dass ich gesagt habe: ‚Die anderen waren zu schlecht‘“, erzählt er lachend. Mit sechs, sieben Jahren probierte er es noch einmal mit einem Team, das aus seinen Klassenkameraden bestand. Yussi brauchte die Bewegung, und seine Mutter bestand darauf, dass er viel Sport machte. Als Grundschüler spielte er zweimal pro Woche Fußball, zweimal Basketball und ging einmal zum Trampolinspringen, um seine Koordination zu schulen. Als er zwölf Jahre alt war, konzentrierte er sich ausschließlich auf Fußball, weil das Leistungsniveau stieg und nun drei- bis viermal pro Woche Fußball-Training angesagt war.

In dieser Phase reifte bei BK Skjold im Schatten des Nationalstadions Parken ein Team, das sich in dieser Altersklasse zu den besten der dänischen Hauptstadt entwickelte. Gleich sechs Spieler aus dieser Mannschaft wurden später Profis, was absolut ungewöhnlich ist. Neben Poulsen gehörten unter anderem Pierre-Emile Højbjerg, der heute beim englischen Topklub

Das Nationalstadion Dänemarks: das Parken in Kopenhagen mit dem Fælledpark, wo schon Yussuf Poulsens Vater als Hobby-Fußballer aktiv war. Rechts neben dem Parken: das Stadion von Poulsens Heimatverein BK Skjold.

Tottenham Hotspur Stammspieler in der Premier League ist, Kenneth Zohoré (West Bromwich Albion), Casper Højer Nielsen (Sparta Prag) und Oliver Korch (u. a. FC Midtjylland) zu dieser außergewöhnlichen Gruppe. Warum aus seinem Team so viele Profis hervorgingen, dafür hat er nur eine Erklärung: „Wenn Mannschaften in der Jugend Erfolg haben, bekommen sie immer hochklassigere Spiele mit besseren Gegenspielern und entwickeln sich dadurch auch besser, weil sie früher größere Herausforderungen haben."

STECKBRIEF

GEBURTSORT: Kopenhagen/Dänemark
NATIONALITÄT: dänisch/tansanisch
GEBURTSTAG: 15. Juni 1994
GRÖSSE: 1,92 Meter
POSITION: Mittelstürmer
FUSS: rechts
BEI RB SEIT: 4. Juli 2013
STATUS: Klublegende und RB-Rekordspieler (351 Einsätze, 84 Tore), bester Zweikämpfer und Anläufer im Sturm
NATIONALMANNSCHAFT: seit Januar 2013 (68 Einsätze, 11 Tore)
FRÜHERE VEREINE: BK Skjold (2000 bis 2008), Lyngby BK (2008 bis 2013)
BESONDERHEIT: Yussi-Kekse auf der Grundlage des Rezepts von Mama Lene gibt's vor jedem Spiel für das ganze Team
HOBBYS: Cafébesitzer in Kopenhagen
LIEBLINGSESSEN: Lasagne
LIEBLINGSVEREIN ALS KIND: FC Barcelona

„Parken"-Traum geplatzt

Und beinahe hätten sich diese Spieler bereits damals den Traum erfüllt, selbst einmal im Parken aufzulaufen. Die Jugendlichen hatten es ins Pokalfinale geschafft, das üblicherweise vor einem Erstliga-Spiel des FC Kopenhagen im Nationalstadion ausgetragen wurde. Doch weil in jenem Jahr drei Tage später ein Champions-League-Spiel stattfand, durfte das Nachwuchs-Pokalfinale nicht in der großen Arena vor Zehntausenden Zuschauern stattfinden, sondern nebenan im kleinen Stadion von BK Skjold. „Mit 13 wurde uns der Traum weggenommen", sagt Yussuf Poulsen noch immer entsetzt. „Wir haben dennoch 5:1 gegen den FC Kopenhagen gewonnen und den Pokal geholt, aber wir waren alle ein bisschen traurig."

Nach diesem Spiel wechselten sechs, sieben Spieler aus der Erfolgsmannschaft zum großen FC Kopenhagen. Doch Yussuf Poulsen, der damals noch in der Abwehr spielte, gehörte nicht dazu. Der Defensivspieler, den es oft nach vorn zog, schoss zwar auch als Verteidiger die zweitmeisten Tore im Team. Es gab sogar einen eigens entwickelten Spielzug für Poulsen, bei dem er den Ball auf seiner Seite nach vorne trieb und in die Spitze durchlief, während ein Mittelfeldspieler für ihn hinten absicherte. Doch den Scouts war er nicht aufgefallen. „Ich war nie der Spieler, von dem alle sagen: Der wird mal Profi. Alle haben eher immer gesagt: Der schafft es nicht", sagt Poulsen. Das demotivierte ihn nicht etwa, sondern befeuerte seinen Ehrgeiz: „Ich selbst hatte immer das Ziel vor Augen, Profi zu werden."

„Ich habe als Kind sehr viel Zeit in Hobbys investiert und nicht eher aufgehört, bis ich es perfekt konnte."

Dieses ausgeprägte Selbstbewusstsein hängt auch mit der Erziehung durch seine Mutter Lene zusammen, einer Lehrerin. „Die Mentalität meiner Mutter ist: Man kann es immer besser machen. Wenn etwas nicht geklappt hat, hat sie gefragt: Warum hat es nicht geklappt? Dann hat sie alles daran gesetzt, es beim nächsten Mal besser zu machen", berichtet Poulsen. Diese Einstellung übertrug sie auch auf ihre Kinder. „Wenn ich eine 1,5 in der Schule hatte, hat sie gefragt: Warum hast du keine 1? Ich habe immer alles dafür getan, besser zu werden – egal in welchem Bereich." Und es gab einige Bereiche, in denen Yussuf als Kind und Jugendlicher der Beste werden wollte – nicht nur im Fußball. „Ich habe als Kind sehr viel Zeit in Hobbys investiert und nicht eher aufgehört, bis ich es perfekt konnte", sagt Poulsen. Eine Zeit lang spielte er zum Beispiel jede freie Minute Diabolo, bis er alle Tricks draufhatte.

U17-EM in Serbien 2011: Yussuf Poulsen im Spiel gegen England.

Eine andere Leidenschaft entdeckte Poulsen in einem Guinness-Buch der Rekorde, das er zum Geburtstag geschenkt bekommen hatte. „Mit zehn Jahren habe ich inoffiziell den Guinness-Buch-Weltrekord im Sprungfeder-Hüpfen gebrochen", erzählt er grinsend. „Ich bin 13 Stunden ununterbrochen gesprungen und meine Schwestern sind immer mit Essen herausgekommen, um mich zu versorgen." Man kann sich das heute noch sehr gut bildlich vorstellen, wie der zehnjährige Yussuf 13 Stunden lang vor dem Haus auf Sprungstelzen herumhüpft. Die Anekdote zeigt, wie willensstark und beharrlich er Dinge umgesetzt hat.

Mit 14 lud er sich selbst zum Probetraining ein

So trieb er auch den Traum voran, Fußball-Profi zu werden und eines Tages doch noch im Parken zu spielen. Weil nach dem gewonnenen Pokalfinale so viele seiner Teamkollegen das Team gewechselt hatten, war plötzlich ein Platz im Sturm frei. Poulsen ergriff die Chance und wechselte von der Abwehr in die Sturmspitze. Entscheidend für seine spätere Karriere, denn als Abwehrspieler hätte er es wohl nicht so weit gebracht.

„Vom Kopf her war ich immer ein Offensivspieler. Man muss als Defensivspieler ein bisschen weniger eigensinnig sein", bestätigt er. Dank seiner Schnelligkeit und Athletik erspielte er sich massig Torchancen – an Technik bei der Ballannahme und Chancenverwertung kann man schließlich arbeiten.

Doch weil ihn auch mit 14 Jahren noch kein hochklassiger Verein entdeckt hatte, lud er sich einfach selbst zum Probetraining ein. Ein Mitspieler hatte ein Probetraining beim nördlich von Kopenhagen beheimateten Lyngby BK bekommen, dessen erste Mannschaft in der zweiten dänischen Liga spielte. Auf Poulsens Wunsch rief der Vater des Mitspielers dort an und fragte, ob sein Sohn nicht noch einen Kumpel mitbringen dürfe. „Sie wollten meinen Mitspieler sehr, sehr gern, deswegen haben sie gesagt: Bring ihn mit." Als dann das erste Testspiel anstand –

wieder gegen den FC Kopenhagen – schuf Yussuf Poulsen Tatsachen. Lyngby verlor zwar 4:5, doch Poulsen schoss drei Tore und holte einen Elfmeter heraus. Nach dem Spiel war er fest im Team. „Physisch ist er ein Monster. Er hat einen Körper wie kein anderer und kann Sachen, die die wenigsten Spieler machen können", sagte sein Freund und Ex-Mitspieler Christian Nørgaard einmal der „Deutschen Welle". Das beschreibt den Spielertypen Poulsen ganz gut. Drei Jahre später lief er mit 17 Jahren das erste Mal für das Profiteam von Lyngby in der zweiten dänischen Liga auf – und sein Stern ging auf.

Wichtigster Trainer: Thomas Frank prägte Poulsen & Co.

Zu jener Zeit war Yussuf Poulsen bereits fester Bestandteil der U17-Nationalmannschaft Dänemarks, wo er seine alten Kumpels vom BK Skjold wiedertraf. Eine wichtige Rolle bei der Entwicklung von Poulsen und den anderen Spielern des 1994er-Jahrgangs spielte Trainer Thomas Frank, zu dem das Team eine enge Beziehung aufbaute. „Ich hatte sehr viele sehr gute Trainer, was auch mein Glück ist", sagt Poulsen. „In der U-Nationalmannschaft hat Thomas Frank mich und meinen kompletten Jahrgang geprägt. Er hat uns gezeigt, was es bedeutet, erfolgreich zu sein, was man tun muss, erfolgreich zu sein." Wie seine Schützlinge machte auch Frank Karriere. 2018 übernahm er den englischen Klub FC Brentford und führte die „Bees" 2021 zum ersten Mal in der Vereinsgeschichte in die Premier League. Dort sorgt Frank mit kleinem Budget und vielen Dänen im Team für Furore.

Poulsen und seine Teamkollegen profitierten so stark von der Arbeit mit Coach Thomas Frank, dass er den Jahrgang auch in der U19 weiterbetreuen durfte und so vier Jahre lang die Entwicklung dieses besonderen Jahrgangs prägte.

Das erste Pflichtspiel für RB: Am 19. Juli 2013 läuft Yussuf Poulsen im Drittliga-Spiel gegen Halle auf.

April 2013: Wenige Monate zuvor stürmte er noch für seinen dänischen Klub Lyngby BK.

Klubheld: Bei den RB-Anhängern ist Poulsen Identifikationsfigur und Publikumsliebling. Auch, weil er sich nach schwächeren Phasen immer wieder zurückkämpft.

Nationalheld: Auch in Dänemark wird Poulsen von den Fans geliebt. Hier während der Europameisterschaft 2021, wo die Dänen überraschend bis ins Halbfinale kamen.

Das war auch die Phase, in der RB Leipzig auf den willensstarken Angreifer aufmerksam wurde. Zum ersten Mal beobachteten Talentscouts von RB den Rohdiamanten bei einem U19-Qualifikationsturnier auf Zypern. Weil er fünf Tore in drei Spielen schoss, saßen die Leipziger Mitarbeiter bald auch in Lyngby auf der Tribüne. Dort überzeugte der Youngster ebenfalls, sodass der damalige Sportdirektor Ralf Rangnick 2013 Nägel mit Köpfen machte und Poulsen bei einem Qualifikationsturnier für die U19-Europameisterschaft in dem kleinen nordportugiesischen Städtchen Barcelos von RB überzeugte. Bei einem Treffen in einem Café vor dem letzten Turnierspiel zeichnete Rangnick Poulsens Weg und den von RB Jahr für Jahr, Liga für Liga vor und welche Rolle der Umworbene dabei spielen soll. „Er hat sehr eindrucksvoll darüber gesprochen, welche Träume und Ziele er mit RB Leipzig hat", erinnert sich Poulsen. Von einer Stadt namens Leipzig hatte er zwar noch nie etwas gehört. Doch was der Visionär Rangnick da in Portugal erzählte, klang vielversprechend. Das sei zwar alles sehr ambitioniert gewesen, „aber der Plan hat mir getaugt", sagt Poulsen. Schließlich hatte er für sich den Entschluss gefasst, mit spätestens 21 Jahren ins Ausland zu wechseln.

Transfergespräch mit Rangnick: „Der Plan hat mir getaugt."

Spätestens nach dem letzten Spiel in Barcelos war sich auch Rangnick ganz sicher, dass er den damals 18-Jährigen unbedingt haben wollte. Weil Dänemarks Torhüter Oliver Korch in der sechsten Minute Rot gesehen hatte und Dänemark nur noch zu zehnt spielte, kamen die Fähigkeiten des jungen Poulsen noch besser zum Vorschein. „Es war sehr viel Defensivarbeit zu leisten, Dänemark fast die gesamte Spielzeit über nur zu zehnt, und da war schon zu sehen,

„Physisch ist er ein Monster. Er hat einen Körper wie kein anderer und kann Sachen, die die wenigsten Spieler machen können.“

Christian Nørgaard

Erfüllung eines Kindheitstraums: Torjubel im Parken, dem dänischen Nationalstadion in Kopenhagen. Hier nach einem Treffer gegen Russland bei der EM 2021.

wie extrem mannschaftsdienlich Yussuf als einer der Stürmer gearbeitet hat", erzählte Rangnick einst. Poulsen erzielte zwar kein Tor und Dänemark verlor in Unterzahl mit 0:1 nach einem Treffer des späteren Leipzigers Bruma, aber Rangnick hatte gesehen, was er sehen wollte. Auch eine Rote Karte kann manchmal Vorteile haben.

Wenig später überzeugte sich der 1,93 Meter große Torjäger bei seinem ersten Besuch in Leipzig selbst von den Ambitionen des erst 2009 gegründeten Klubs. „Man hat schon zu der Zeit gesehen, dass das nicht irgendein Drittliga-Verein ist, sondern ein Klub mit großen Zielen", sagt Poulsen. „Als ich gesehen und gespürt habe, welche Möglichkeiten es mit Stadion, Trainingsgelände und den Fans gibt, war das schon in der 3. Liga besser als alles in der ersten dänischen Liga." Auch die Bundesligisten Stuttgart und Bremen hatten damals Interesse, doch da wäre der technisch anfangs noch limitierte Spieler zunächst nur für die zweiten Mannschaften vorgesehen gewesen. „Ich wollte nicht zu einer zweiten Mannschaft. Das hätte sich für mich nicht nach Vollprofi angefühlt. Ich wollte in einer ersten Mannschaft spielen", betont Poulsen mit Nachdruck. Sein Motto ist ohnehin seit jeher: „Je mehr ich spiele, desto besser werde ich. Ich werde nicht besser, wenn ich nur trainiere."

Zehn Jahre bei RBL

So ging er wieder einmal einen unüblichen, aber für ihn goldrichtigen Weg und wechselte für die damalige Rekordablöse von 1,5 Millionen Euro in die 3. Liga. Am 19. Juli 2013 absolvierte er beim Halleschen FC das erste seiner bislang über 340 Spiele für RB – damit ist er mit großem Abstand Rekordspieler des jungen Klubs. Wie sonst nur Dominik Kaiser steht er beispielhaft für den Aufstieg der Leipziger. Doch im Unterschied zu Kaiser ist Poulsen noch immer dabei – 2023 bereits im zehnten Jahr. „Yussuf ist ein Musterbeispiel dafür, was passiert, wenn bei uns Talent, aber vor allem eine unglaublich gute Mentalität, eine tolle Berufsauffassung und sehr, sehr gute charakterliche Eigenschaften zusammenkommen", lobte sein „Entdecker" Rangnick 2019.

Längst ist auch das Leipziger Stadion zu Poulsens Wohnzimmer geworden – genau wie das dänische Nationalstadion. Nachdem ihm als 13-Jährigem das Spiel dort verwehrt geblieben war, dauerte es sieben Jahre, bis er endlich selbst einmal bei einem Spiel im Stadion seiner Träume dabei war. Bei seinem dritten Länderspiel mit der dänischen A-Nationalmannschaft saß Poulsen gegen Portugal zwar nur auf der Bank, doch er hatte es endlich in dieses für ihn magische Stadion geschafft, an dem er als Kind so oft auf dem Weg zum Training sehnsüchtig vorbeigeradelt war. Ein Jahr später schoss er vor knapp 40.000 Fans gegen Serbien sein erstes Tor für Dänemark im Parken.

Und sein verstorbener Vater ist auf dem Platz immer dabei. Auf Poulsens Trikot im Nationalteam steht Yurary, der Nachname seines Vaters. Bevor er den Rasen betritt, schaut er in Gedenken an seinen Vater stets zum Himmel.

2021 bei der Europameisterschaft erlebte Yussuf Poulsen den wohl schrecklichsten und zugleich schönsten Moment seiner Laufbahn im Parken. Beim Europameisterschaftsspiel gegen Finnland brach sein Mitspieler Christian Eriksen auf dem Rasen zusammen. Das Herz des Offensivspielers hatte ohne Einwirkung eines Gegenspielers aufgehört zu schlagen. Zwei Stunden bangten Poulsen und seine Teamkollegen um das Leben ihres Mitspielers. Erst als Signale aus dem Krankenhaus kamen, dass er am Leben ist, wurde das Spiel trotz des Schocks für alle Beteiligten fortgesetzt.

„Ich weiß noch, wie jeder von uns geflüstert oder gedacht hat: Bitte, schaffe es!“

„Als wir damals so um ihn herum standen, hatten wir alle die Befürchtung, dass wir ihm vielleicht gerade beim Sterben zuschauen. Ich weiß noch, wie jeder von uns geflüstert oder gedacht hat: Bitte, schaffe es! Gott sei Dank hat er es geschafft, deshalb können wir alle mehr oder weniger normal darüber reden, weil es im Grunde genommen eine gute Geschichte ist“, blickte Poulsen 2021 in der „Mitteldeutschen Zeitung“ zurück. „Gut, weil die meisten Menschen in Christians Situation gestorben wären. Er hatte das Glück, dass es während des Spiels passiert ist und alles in der Nähe war, um ihn sofort zurückzuholen. Wäre es ihm im Wohnzimmer passiert, wäre er jetzt nicht mehr da.“ Glück im Unglück, dass der Unfall im Wohnzimmer Parken passierte, auf das an jenem EM-Spieltag Millionen Menschen schauten.

Noch ist Yussuf Poulsen keine 30 Jahre alt, doch er hat auf dem Weg zum Profi und während seiner bisherigen Laufbahn bereits genug für zwei Fußballer-Karrieren erlebt. Wie lange er noch in Leipzig leben und spielen wird, ist offen. Doch klar ist schon jetzt: Yussuf Poulsen wird auch nach dem Ende seiner Leipziger Zeit fester Bestandteil des Klubs bleiben. Einen so natürlichen Sympathieträger, der seine Kinder früh mit dem Lastenrad und wehendem Sakko in den Kindergarten fährt, vergessen die Fans nicht. Und Poulsen hat nie vergessen, wo er herkommt: aus dem Stadtteil Østerbro, wo er gleich neben dem Parken aufwuchs, von seinem Vater Shihe die Begeisterung für Fußball vermittelt bekam und seine ersten Erfolge feierte. Das Stadion steht als Monument dafür, was ein Junge erreichen kann, der sich etwas vorgenommen hat – und wenn es über Umwege ist.

@YussufYurary

@yussufyurarypoulsen

Der größte Erfolg: 2022 kann Poulsen mit RB den DFB-Pokal gewinnen.

GRÖSSTE ERFOLGE

DFB-Pokalsieger: 2022

Kroatischer Meister: 2015, 2016, 2018, 2019

Kroatischer Pokalsieger: 2015, 2016, 2018

Kroatischer Superpokalsieger: 2019

U21-Europameister: 2019

Olympische Silbermedaille: 2021

Gegen den Strom

Kein Spieler für gewöhnliche Entscheidungen: Dani Olmo beschritt in seiner jungen Karriere unübliche Wege. Genau das hat ihn schon immer ausgezeichnet und so weit gebracht.

DANIEL „DANI“ OLMO CARVAJAL

Frühe Ballkontrolle: Dani Olmo als Knirps, beim widerwilligen Foto mit Lionel Messi und als erfolgreicher Nachwuchskicker des FC Barcelona.

Dani Olmo hat schon immer seinen eigenen Kopf gehabt. Bei den großen Entscheidungen seiner Karriere oder als Kind, wenn ihn jemand vom Fußballspielen abhalten wollte. So, wie bei der bekanntesten Geschichte über den jungen Dani Olmo, bei der ein gewisser Lionel Messi eine Rolle spielt. Aber dazu gleich mehr.

Daniel Olmo, der von allen immer nur Dani genannt wurde, wuchs in Terrassa auf – einer Industriestadt im Speckgürtel von Barcelona. „Wir sind eine richtige Sport- und Fußballstadt, mit Xavi, Albert Luque und nun auch mir, die in Terrassa geboren sind“, erzählt RB Leipzigs Spielmacher. Luque schaffte es zum Nationalspieler und langjährigen Erstligaprofi in Spanien, England und den Niederlanden. Xavi war jahrelang der Kopf der spanischen Nationalmannschaft und des FC Barcelona, den er heute trainiert. Eine Legende des Weltsports. Das spornt an.

Im Elternhaus von Dani Olmo ging es sowieso viel um Fußball, weil sein Vater Miguel Trainer ist. Neben seinem Hauptjob als Inhaber eines Kosmetikgeschäfts trainiert er ambitionierte, lokale Klubs. Mit drei Jahren fing Dani Olmo an, selbst zu kicken. „Mein zwei Jahre älterer Bruder Carlos wollte mit mir Fußball spielen, aber ich war noch zu klein. Also schob er mich ins Tor und schoss auf mich.“ Zunächst prallte der Ball nur an seinen kleinen Füßen ab, nach und nach kontrollierte er die Kugel. „So fing das an, Jahr für Jahr lernte ich etwas dazu. Ich merkte, wie viel Spaß Fußball mir macht“, blickt der Ausnahmespieler zurück.

Messi unterbrach Olmo beim Kicken

Olmo begann, bei Espanyol Barcelona zu trainieren, neben dem FC Barcelona der kleinere Erstliga-Klub in der katalanischen Metropole. Zu dieser Zeit – Dani war gerade acht Jahre alt – tauchte bei einem Spiel des Teams seines Vaters plötzlich der junge Lionel Messi auf. Der Weltstar war da gerade erst am Beginn seiner Karriere in Barcelona, aber bereits in aller Munde und besuchte das Spiel eines Freundes. Als Miguel Olmo den prominenten Besucher entdeckte, organisierte er, dass sein Sohn ein Foto mit dem späteren Weltmeister machen durfte. Selfies waren noch nicht erfunden. Doch Dani hatte gar keine Lust dazu, weil er sich mehr für den Ball als für Messi interessierte.

„Zu dieser Zeit spielte ich bei Espanyol und mochte Barça nicht besonders", erinnert sich Olmo lachend und berichtet weiter über die Begegnung mit Messi. „Er war noch sehr jung, es war sein erstes Jahr als Profi. Ich spielte irgendwo abseits mit dem Ball und war total vertieft darin, aber mein Vater wollte, dass ich ein Foto mit Messi mache." Dani wollte dagegen lieber weiterzocken, „aber mein Vater nahm mich und setzte mich neben ihn. Ich sagte kein Wort." Man sieht es den Gesichtsausdrücken der beiden an, dass Lionel Messi offenbar mehr Spaß an dem Bild hatte als Dani Olmo. Der Junge mit den dunkelblonden Haaren neigt sich etwas von dem Star weg und schaut leicht genervt in die Kameralinse. „Heute ist das eines der ganz besonderen Fotos, die ich immer behalten werde", sagt Dani Olmo. Aber damals war es ihm einfach wichtiger, selbst zu spielen, als mit einem der außergewöhnlichsten Spieler des Planeten Fotos zu machen.

„Ich war nonstop mit dem Ball unterwegs, er kam sogar nachts mit ins Bett."

„Ich war nonstop mit dem Ball unterwegs, er kam sogar nachts mit ins Bett", erklärt er. „Fußball war mein Leben, ich spielte einfach jede freie Minute. In den Halbzeiten bei Spielen meines Vaters, in der Schule – überall. Da genießt man das Spiel zunächst nur, ohne an irgendetwas anderes zu denken."

Ein Jahr später ging er dann selbst zum FC Barcelona auf die legendäre Akademie La Masia. Doch Messi hat er seit dem widerwilligen Foto nie wieder persönlich gesehen. Als RB Leipzig gegen Paris Saint-Germain spielte und Messi zwei Tore schoss, war Olmo nicht dabei, weil er wegen eines Muskelfaserrisses fehlte. „Ich habe Messi leider später nicht mehr getroffen", bedauert Olmo. Auch nicht, „als ich dann selbst bei Barça war. La Masia und die erste Mannschaft – das sind zwei verschiedene Welten."

Ein ungewöhnlicher Wechsel: 2014 ging Dani Olmo vom FC Barcelona zum kroatischen Hauptstadtklub Dinamo Zagreb – für mehr Spielpraxis auf Profiniveau. Hier im Dezember bei einem Spiel der UEFA Youth League gegen Bayern München.

Die sieben Jahre in der wohl berühmtesten Fußballakademie der Welt bezeichnet er als „gute Zeit, ich habe viel von den älteren Spielern gelernt. Zum Beispiel, dass man nicht wie ein König leben kann, wenn man noch nichts erreicht hat. Das ist einer der besten Orte in der Welt, wo man als junger Spieler hingehen kann", betont er. In der Kaderschmiede lernte Dani Olmo zudem eine Eigenschaft, die wohl noch wichtiger ist als ein fester Schuss, gutes Dribbling und Zweikampfstärke: die Fähigkeit, bei aller Erwartungshaltung nie den Spaß zu verlieren. „Natürlich herrscht dort Druck, da spielen einige der besten Talente der Welt", berichtet Olmo über die Jahre in La Masia. „Man muss Spiele und Turniere gewinnen. Aber letztlich ist es das Geheimnis, die Dinge zu genießen. Dann kommt auch das andere."

STECKBRIEF

GEBURTSORT: Terrassa/Schweden
NATIONALITÄT: spanisch
GEBURTSTAG: 7. Mai 1998
GRÖSSE: 1,79 Meter
POSITION: offensives Mittelfeld
FUSS: rechts
BEI RB SEIT: 25. Januar 2020
STATUS: auf dem Weg zum Weltstar (110 Einsätze, 20 Tore)
NATIONALMANNSCHAFT: Spanien (29 Einsätze, 5 Tore)
FRÜHERE VEREINE: Terrassa FC (bis 2007), Espanyol Barcelona (bis 2007), FC Barcelona (2007 bis 2014), Dinamo Zagreb (2014 bis 2020)
BESONDERHEIT: Dani Olmo hasst es, auf der Bank zu sitzen, und wird dann schnell unleidlich. Bei einem Comeback nach Verletzung überließ ihm Trainer Marco Rose deswegen die Entscheidung: „Heute bist du Pilot, du sagst mir, wenn es nicht mehr geht."
HOBBYS: Serien
LIEBLINGSESSEN: Sushi und Paella
LIEBLINGSVEREIN ALS KIND: Terrassa FC

Man merkt im Gespräch, dass es ihm wichtig ist, diese Erfahrung weiterzugeben. „Erst wenn man älter wird, entwickelt man den Traum, ein professioneller Spieler zu werden. Aber wenn man jung ist, ist es wichtig, das Fußballspielen einfach nur zu genießen", fügt er an. Die Spiellust und Kreativität, die dadurch entstehen, zeichnen Olmo noch heute aus. Ebenso wie der Mut und der eigene Kopf, den sich der 24-Jährige bewahrt hat. Zum Beispiel bei den beiden wegweisendsten Entscheidungen der vergangenen Jahre.

Denn mit 16 Jahren tat Olmo etwas vollkommen Verrücktes – zumindest kam das allen Außenstehenden so vor. Er verließ die U18 des FC Barcelona und wechselte zu Dinamo Zagreb nach Kroatien. Normalerweise läuft das andersherum. Spieler wie der spätere Weltfußballer Luka Modrić wechseln vom Ausbildungsklub Zagreb nach Barcelona oder in eine andere große Fußballstadt. Doch Olmo war der Einzige, der gegen den Strom schwamm. Anders als seine damaligen Mitspieler wollte er nicht einer unter so vielen Talenten sein, die den Durchbruch bei dem Weltklub eh nicht schaffen, sondern früh Spielpraxis im Profifußball sammeln. „Ich hatte noch ein paar Optionen, hatte ja keine Not, meine Heimat zu verlassen. Aber Dinamo hat so viel Vertrauen in mich gesetzt", erklärt er seinen ungewöhnlichen Schritt. Gemeinsam mit seinem Manager und seinem Vater entschied er ohne lange zu zögern, als Teenager nach Kroatien zu gehen. Mit überragendem Erfolg. „Es

„Wenn man jung ist, ist es wichtig, das Fußballspielen einfach nur zu genießen."

war genau die richtige Entscheidung, ich war dort fast sechs Jahre und es war die beste Zeit meines Lebens", schwärmt er.

Aufregende Zeit in Zagreb

Olmo verliebte sich in das junge Land, das erst seit 1991 nach dem Ende des Balkan-Krieges als unabhängiger Staat existiert. „Das ist ein aufregendes, wunderschönes Land, das ich als mein zweites Zuhause bezeichne", sagte er dem Magazin „The Players Tribune". Der Krieg, der das Land erschütterte, war damals 25 Jahre her, aber Olmo begriff, wie dieses Ereignis das Land und die Menschen geprägt hatte. „Als ich die Sprache lernte, prägte ich mir die Lieder ein, die die Fans sangen, und ich begann, die Bedeutung hinter den Wörtern zu verstehen. Sie sprachen von Schmerz und Leid und von einer Sehnsucht nach Einheit in Zeiten, in denen es keine gab", schilderte er. „Kroatien hat mir nicht nur einen Einblick in einen Teil der Welt und eine Kultur gegeben, von dem ich nichts wusste, sondern mir auch einige meiner besten Momente als Fußballer beschert."

In Zagreb reifte Olmo zu einem Topspieler heran, viele internationale Topklubs rissen sich um ihn, doch RB machte schließlich das Rennen und konnte ihn verpflichten.

Schon mit 16 Jahren debütierte er in der ersten Mannschaft von Dinamo, wurde in ganz jungen Jahren viermal kroatischer Meister und dreimal Pokalsieger. Das prägt für eine ganze Karriere. „In La Masia habe ich noch mehr als Flügelspieler gespielt, bei Dinamo wurde ich ein zentraler Offensivspieler, ein Zehner. Da habe ich gelernt, wie man ein Spiel kontrollieren kann, wie die erste Ballberührung sein muss, blitzschnell die Umstände zu analysieren und unter Druck eine gute Entscheidung zu treffen", analysiert Dani Olmo. Alles Eigenschaften, die ihn heute bei RB Leipzig und in der spanischen Nationalmannschaft auf dem Platz außergewöhnlich machen.

Nächster mutiger Schritt zu RB

Es passt zu Olmos Lebenslauf, dass er in der Winterpause zu Beginn des Jahres 2020 wieder seinen eigenen Weg ging, alle erstaunte und nicht zu einem Topklub in die Premier League wechselte, der mehr Gehalt gezahlt hätte, sondern zu RB Leipzig. Er verließ Zagreb als Rekordtransfer. Genau so hatte es ihm Zagrebs Präsident prophezeit, als

Auch in der Nationalmannschaft Spaniens ist Olmo gesetzt. Hier bei der WM 2022 in Katar nach einem Treffer gegen Costa Rica.

Juli 2022: Im Supercup-Spiel gegen die Bayern trifft Olmo zum 3:4, Endstand: 3:5 aus Leipziger Sicht.

er mit 16 wechselte und das Abenteuer wagte. Der nächste mutige Schritt hatte das Ziel Leipzig, wo er konstant in der Champions League spielen kann und inzwischen eine zentrale Rolle einnimmt. Nur seine Verletzungsanfälligkeit bremst ihn hin und wieder aus.

„Markus Krösche und Julian Nagelsmann (Ex-Manager und -Trainer von RB, Anm. d. Autors) haben mich umworben und mir ihr Projekt vorgestellt, so wie damals Dinamo Zagreb. Es war wieder eine gute Entscheidung“, sagt Olmo. Er ist eben eigensinnig im besten Sinne und schwimmt auch mal gegen den Strom, wenn es sich lohnt. Dani Olmo setzt ganz einfach seine eigenen Prioritäten, genau wie damals bei Lionel Messi.

@daniolmo7

@daniolmo7

„Krösche und Nagelsmann haben mich umworben, so wie damals Zagreb. Es war wieder eine gute Entscheidung.“

GRÖSSTE ERFOLGE

Deutscher Vizemeister 2017
Aufstieg in die Bundesliga 2016
Aufstieg in die 2. Bundesliga 2014
Aufstieg in die 3. Liga 2013
Spieler der Saison 2013/14 (3. Liga)

Abschied von zwei ganz verschiedenen Legenden: Naby Keïta (links) wurde in Leipzig zum Star und wechselte nach Liverpool. Dominik Kaiser prägte den Klub von der Regionalliga bis zur Champions League und wechselte nach Dänemark zu Brøndby IF. Das 6:2 gegen Hertha BSC im Berliner Olympiastadion am 12. Mai 2018 war das letzte Spiel für beide.

Plötzlich Profi

RB Leipzigs dreimaliger Aufstiegsheld schaffte etwas, was keinem anderen deutschen Fußballer je gelang: Mit einem Klub kletterte er von der Regionalliga bis in die Champions League. Dabei wusste er mit 21 Jahren noch gar nicht, dass er mal Profi werden könnte.

DOMINIK KAISER

Wenn es im Badezimmer des Hauses der Familie Kaiser schepperte, dann hatte wieder einmal eine Kachel nachgegeben. „Wir haben in der Garage die Tennis- und Fußbälle jeden Tag so lange an die Wand geschossen, bis im Badezimmer auf der anderen Seite die Fliesen herunterfielen", erinnert sich Dominik Kaiser an seine Kindertage. Dann wurde eben draußen auf der Straße weitergespielt. Kaiser wuchs in dörflichem Umfeld in Waldstetten am Fuße der Ostalb auf. Stuttgart ist von hier eine knappe Autostunde entfernt.

Glückliche Kindheit: „Domme" Kaiser als ambitionierter Tennisspieler und Nationalspieler im 94er-WM-Trikot auf der Straße.

„Wir haben in einer sehr ruhigen Straße mit Wendeplatte gelebt, da standen dann immer die Tore. Mit meinen Kumpels aus dem Kindergarten und der Schule haben wir uns jeden Nachmittag getroffen und Fußball, Tennis und Inline-Hockey gespielt", berichtet RB Leipzigs Aufstiegsheld. „Wir waren sehr viel draußen unterwegs – fast immer mit Ball." Das zahlte sich später aus. Als einziger Spieler schaffte er es mit RB von der Regionalliga bis in die Bundesliga und Champions League – eine einmalige Leistung hierzulande. Die

September 2007: Oberliga Baden-Württemberg Dominik Kaiser (links, Normannia Gmünd) im Spiel gegen den TSV Schwieberdingen.

Dominik Kaiser während eines Testspiels der TSG Hoffenheim gegen Hapoel Ramat Gan aus Israel am 25. Juli 2010 in Österreich.

Tour über die Dörfer: Dominik Kaiser war schon bei RB, als die Gegner noch nicht Borussia Dortmund oder Bayern München hießen. Hier am 4. November 2012 nach einem 4:0-Auswärtssieg gegen den Torgelower SV Greif im Gießerei-Stadion.

Geschichte von „Domme" Kaiser zeigt, wie man Liga für Liga nach oben klettern und Profi werden kann, obwohl das lange gar nicht der Plan war. Im Alter von 22 Jahren sind manche Karrieren bereits vorüber, da nahm Dominik Kaisers Laufbahn erst so richtig Fahrt auf.

„Wir waren sehr viel draußen unterwegs – fast immer mit Ball."

Dominik war das jüngste Kind in der Familie, ein Nachzügler. Seine Schwester Anja ist 14 Jahre älter als er, sein Bruder Steffen zwölf. Beide waren ebenfalls sportverrückt, verbrachten die komplette Freizeit auf den Fußball- und Tennisplätzen der Umgebung. „Fast von Geburt an war ich tagtäglich beim Training meiner Geschwister dabei", erzählt Kaiser. So wuchs auch er in dieses Leben hinein: Schule, Tennistraining, Kicken mit den Kumpels, Fußballtraining lautete der regelmäßige Tagesablauf seiner Kindheit. Ab dem Alter von fünf Jahren spielte er beim lokalen Dorfverein TSGV Waldstetten Fußball. Auch im Tennis trainierte das Balltalent nahezu professionell, entschied sich dann aber als Jugendlicher für Fußball.

Erste Begegnung mit Alexander Zorniger

Erst mit 14 wechselte er zu Normannia Gmünd, dem nächst größeren Klub der Gegend. Doch weil er aus Sicht eines Trainers zu klein war, spielte er im letzten B-Jugend-Jahr und in der A-Jugend für den benachbarten VfL Kirchheim. Der kleine, dribbelstarke, wendige und spielintelligente Kaiser war als Jugendlicher zwar ambitioniert; er war in der Bezirksauswahl und Nachwuchs-Oberliga dabei und maß sich auch mal mit dem großen VfB Stuttgart. Doch ein Profiverein wurde damals nie auf ihn aufmerksam. Stattdessen kickte er mit seinem Bruder

2. Bundesliga im Mai 2015: Dominik Kaiser (ganz links) trifft per Freistoß zum 2:0 gegen Fürth.

Steffen, der gerade am Ende seiner aktiven Karriere war, beim Oberligisten Normannia Gmünd, wo damals ein gewisser Alexander Zorniger Trainer war. Er war es später, der den Mittelfeldregisseur 2012 zu RB Leipzig lotste.
Doch dass Kaiser eines Tages mit Fußball sein Geld verdienen würde, war damals noch nicht absehbar.

„Ich hatte nie den Wunsch oder das Ziel, eine Profilaufbahn einzuschlagen. Mein Vorbild war mein Bruder, der Medizin studiert und parallel bei den besten Regionalligisten in Süddeutschland gespielt hat", berichtet Kaiser. „Viele sagen: Er hätte es auch als Profi geschafft, wenn er den Fokus voll auf Fußball gelegt hätte."

Steffen Kaiser war es schließlich auch, der Dominiks Karriere eine entscheidende Wende verlieh. Als der nach Abitur und Zivildienst in Heidelberg ein Studium als Sport- und Mathematiklehrer begann, rief sein Bruder seinen guten Bekannten Markus Gisdol an. Der trainierte damals die U23 der gerade in die Bundesliga aufgestiegenen TSG Hoffenheim in der Oberliga Baden-Württemberg. „Es gab keinen Anruf aus Hoffenheim, das hat eher mein Bruder forciert", berichtet Kaiser. „Es war Zufall, dass in der U23 noch ein Platz frei war."

STECKBRIEF

GEBURTSORT: Mutlangen
NATIONALITÄT: deutsch
GEBURTSTAG: 16. September 1988
GRÖSSE: 1,71 Meter
POSITION: zentrales/offensives Mittelfeld
FUSS: rechts
BEI RB VON: 12. Juli 2012 bis 1. Juli 2018
STATUS: Klubikone, lebende Legende, kleiner „Capitano", Aufstiegsexperte (171 Einsätze, 36 Tore)
FRÜHERE VEREINE: TSGV Waldstetten (bis 2002), 1. FC Normannia Gmünd (bis 2004 und 2007 bis 2009), VfL Kirchheim (2004 bis 2007), TSG 1899 Hoffenheim II (bis 2012), TSG Hoffenheim (2011 bis 2012), RB Leipzig (bis 2018), Brøndby IF (bis 2020), Hannover 96 (bis 2022)
BESONDERHEIT: handelte bei der Vertragsunterschrift bei RB in der Regionalliga eine Champions-League-Prämie aus, kassierte diese fünf Jahre später tatsächlich und kaufte sich davon ein Sofa.
HOBBYS: Skifahren, Tennis
LIEBLINGSESSEN: Linsen und Spätzle
LIEBLINGSVEREIN ALS KIND: FC Bayern München

Plötzlich trainierte Kaiser nicht mehr wie ein Amateur zwei-, dreimal pro Woche, sondern absolvierte sechs, sieben Einheiten mit Ball plus Athletik. Kaiser begriff, was es heißt, wie ein Leistungssportler zu leben und zu denken. Den späteren Bundesligatrainer Gisdol nennt er „den wichtigsten Trainer auf meinem Weg zum Profi. Im ersten Jahr unter ihm habe ich extrem viel gelernt." Doch auch in Hoffenheim war die Welt des Profifußballs noch unheimlich weit weg für Kaiser. „Selbst dort habe ich anfangs nicht daran geglaubt, dass man den Sprung Richtung Bundesliga wirklich schaffen kann", sagt er. Da war er bereits 21, 22 Jahre alt, in einem Leistungszentrum hat er nie gespielt.

„Wäre schon geil, wenn du auch mal ein Bundesligaspiel machst!"

Doch die Ansprüche änderten sich, als er von Monat zu Monat mehr spürte, dass er nicht nur in der U23 mithalten kann, sondern sich auch immer wieder im Training des Bundesligateams beweisen durfte. „Du brauchst den Schlüsselmoment, in dem du merkst, dass die anderen in der Bundesliga auch nicht so unerreichbar viel besser sind", sagt Kaiser. „Da sind das Ziel und der Glaube gewachsen: Wäre schon geil, wenn du auch mal ein Bundesligaspiel machst!"

Einmalig in Deutschland: Dominik Kaiser wird am 6. Dezember 2017 für Kevin Kampl im Champions-League-Spiel gegen Besiktas Istanbul eingewechselt. Von der Regionalliga bis in die Champions League mit demselben Klub – das hat noch niemand vor ihm geschafft.

Das gelang ihm dann am letzten Spieltag der Saison 2010/11, als er sechs Minuten gegen Wolfsburg auflaufen durfte. In den Monaten zuvor war er noch unter Trainer Ralf Rangnick schon mehrfach zur Einwechslung bereitgestanden, musste sich dann jedoch jedes Mal wieder anziehen, weil ein Tor oder Gegentor Rangnicks taktische Pläne durchkreuzten. „Er hat mich am Anfang eher ignoriert, hat dann aber nach ein paar Wochen sicher gemerkt, dass ich was kann“, sagt Kaiser über seinen späteren Förderer Rangnick. „Aber er hat mir die Chance gegeben, in der Bundesliga mitzutrainieren. Das war das Entscheidende, um dranzubleiben.“

Regionalliga? Egal! Kaiser wollte endlich wieder spielen

Mit einem Präsenz-Studium in Heidelberg war das nicht mehr zu vereinen. „Die Entscheidung war: Gehst du jetzt zur Vorlesung oder zum Abschlusstraining vor dem Spiel gegen Bayern München? Da geht man natürlich zum Training und hofft, dass man vielleicht einen Einsatz bekommt“, schildert er.

Da der Spätzünder bei Hoffenheim zu wenig Perspektive sah, kam das Angebot aus Leipzig von Zorniger und Rangnick gerade recht. Beide begannen 2012 bei RB eine neue Zeitrechnung und brachten Rasenballsport nach zwei verlorenen Jahren auf Kurs. Das war für Kaiser zwar zunächst ein Rückschritt in die viertklassige Regionalliga. Doch die Ziele, die Rangnick und Zorniger hatten, klangen vielversprechend. „Ich wollte auch unbedingt wieder auf dem Platz stehen – egal in welcher Liga“, sagt Kaiser. Nach den Monaten auf der Bank in der Bundesliga war er hungrig darauf, einfach wieder zu spielen.

Dass er mit RB in der Anfangssaison über die Dörfer tingelte oder statt einer Akademie nur ein Containerdorf als Klubzentrum vorfand, machte Kaiser nichts aus. Er war es schließlich aus langen Jahren im Amateurfußball nicht anders gewohnt. Auch deswegen war der bescheidene Spieler ohne Starallüren genau der richtige Mann für diese Jahre. Die Mannschaft wurde zu einem verschworenen Haufen und arbeitete sich Jahr für Jahr, Liga für Liga nach oben. „Von den Typen her war das für mich die geilste Zeit“, sagt Kaiser. „Wir haben uns wirklich super verstanden, das war ein ganz großes Pfund in den Anfangsjahren, um die Aufstiege zu meistern.“ Als Spielmacher hatte Kaiser einen riesigen Anteil daran und wurde bei RB zum ewigen Publikumsliebling. Zu seinen zehn Partien mit Hoffenheim in der 1. Liga kamen noch weitere 35 mit RB und ein Champions-League-Einsatz hinzu. Dass er beim 2:2 in Hoffenheim das erste Bundesligator für RB überhaupt schoss, passt zu dieser verrückten Geschichte. Als erster und bisher einziger Spieler der „Roten Bullen“ erhielt er ein Abschiedsspiel im Stadion und verabschiedete sich mit Tränen in den Augen bei einer Ehrenrunde.

„Ich wollte auch unbedingt wieder auf dem Platz stehen – egal in welcher Liga.“

Nach RB kickte der zweifache Familienvater bei Brøndby IF in Kopenhagen und in der 2. Liga für Hannover 96. Spannende Erfahrungen, doch prägend bleiben seine Jahre in Leipzig. Mit 34 Jahren beendete er seine Karriere, in deren Verlauf er in fast jeder Liga mal gespielt hat – die untersten ausgenommen. Dass er danach wieder nach Leipzig zog und nun bei RB eine Aufgabe im Klub übernehmen wird, passt zu seiner Verbundenheit.

„Ich habe mich im Windschatten positioniert und bin dann irgendwann vorbeigezogen."

8. Dezember 2019: Dominik Kaiser im Trikot von Brøndby IF.

Zum Abschied ein paar Tränchen: Dominik Kaiser ist RB Leipzigs bislang einziger Spieler, der ein Abschiedsspiel erhält. Am 14. Mai 2018 heißt es „Domme & Friends“ gegen RB Leipzig in der Red-Bull-Arena.

Unbeschwerte Jugend ohne Druck

Es gibt viele Wege, ein erfolgreicher Fußballer zu werden. Timo Werner und Willi Orbán kickten schon als Knirpse bei Bundesligaklubs. Kaiser kam mit 21 erstmals in das Umfeld eines Erstligisten. Je nach Typ und Veranlagung kann beides zum Erfolg führen. „Ich habe sicher davon profitiert, dass ich recht unbeschwert an die Sache herangegangen bin“, blickt Kaiser zurück. „Andere Jungs hatten schon deutlich mehr Druck als ich. Die galten als große Talente, hatten schon höher dotierte Verträge und das Gefühl, sich jetzt durchsetzen zu müssen. Ich habe mich im Windschatten positioniert und bin dann irgendwann vorbeigezogen“, sagt er. Die Kaiser-Taktik. „Für mich war das der beste Weg. Viel besser hätte es nicht laufen können“, sagt er lächelnd. So wie viele erfolgreiche Start-ups begann auch Dominik Kaisers Laufbahn in einer Garage. Und ähnlich märchenhaft verlief sie auch.

Der ehemalige Kapitän hospitiert bei „seinem“ Klub: Dominik Kaiser, der keine Sozialen Medien nutzt, möchte der Stadt und dem Klub weiterhin verbunden bleiben.

GRÖSSTE ERFOLGE

DFB-Pokalsieg 2022

Man of the Match beim 3:2-Sieg in der Champions League gegen Real Madrid 2022

Der Prinz von Air Bel

Der herzlichste und emotionalste RB-Spieler unterbrach seine Ausbildung bei Topklubs für zwei Jahre, um die Freude am Spiel zurückzugewinnen. Als das gelang, war Leipzigs Fanliebling bereit für die Profis.

MOHAMED SIMAKAN

Wenn seine Teamkollegen nach Spielen von RB Leipzig schon in der Kabine sind oder in der Mixed Zone bei Interviews das Spiel deuten, haben Mohamed Simakan und die Fankurve der Leipziger meist noch eine Verabredung. Nach guten Partien steht „Mo“ dann ganz allein vor dem Fansektor B, strahlt über das ganze Gesicht, reißt die Arme nach oben und hüpft mit den Supportern auf und ab. Die Fans tun es ihm gleich und feiern den wohl emotionalsten Spieler im Kader. Schon nach kurzer Zeit bei RB hatte der leidenschaftliche und nahbare Franzose den Status als Publikumsliebling inne.

Wenn er vor den Anhängern steht, vibriert Mo Simakan förmlich. „Unseren Fans haben wir es zu verdanken, dass wir unseren Traum verwirklichen können, Fußballer zu sein“, erklärt Simakan seine besondere Beziehung zur RB-Kurve. „Bei jedem Spiel sind sie da. Das Einzige, was sie von uns verlangen, ist, zu 100 Prozent dabei zu sein. Das versuche ich jedes Mal auf dem Platz und will ihnen das zurückgeben. Von den Fans gefeiert zu werden, erfüllt mich mit großem Stolz.“ Simakan saugt diese Momente auf, sie gehören für ihn genauso dazu wie gewonnene Zweikämpfe und Torvorlagen. Vielleicht mehr als bei anderen Spielern sind für ihn Spaß bei seinem Job und die Hingabe für seinen Klub und die Fans essentiell. Das versteht man besser, wenn man seine Geschichte kennt.

„Von den Fans gefeiert zu werden, erfüllt mich mit großem Stolz.“

Die ersten Jahre als junger Fußballer verbrachte Mohamed bei dem Marseiller Stadtteilklub Vivaux Marronniers Sports. „Ich bin zu Vivaux Marronniers Sports gekommen, weil der Verein eigentlich direkt vor meinem Haus liegt und meine großen Brüder dort bereits Fußball spielten“, berichtet er. „Diese Gelegenheit habe ich genutzt. Fußball war einfach der Hauptsport bei uns, alle in meinem Viertel haben gespielt.“ Auf einem Kinderbild sieht man Simakan im Trainingsanzug auf dem Balkon der Wohnung seiner Familie in einem der für das Viertel typischen fünfstöckigen Häuser des Randbezirks Pont-De-Vivaux stehen. Im Hintergrund ist der Sportplatz zu sehen. Marseille liegt in Südfrankreich

In Straßburg reifte Simakan zum Profi.

Bitterer Moment in der Karriere: Am 23. Juli 2018 zieht sich Simakan in einem Testspiel einen Kreuzbandriss zu.

am Mittelmeer und hat den ältesten Hafen des Landes. Die 870.000-Einwohner-Metropole ist multikulturell, bunt und laut. „Was ich an Marseille mag, ist einfach die Stadt selbst. Es ist das warme Klima, das gute Wetter, der Strand. Viel Sonne heißt Lebensfreude für mich“, sagt Simakan. Und die macht ihn als (Spieler-)Typen aus.

„Was ich an Marseille mag, ist einfach die Stadt selbst. Es ist das warme Klima, das gute Wetter, der Strand.“

Der begeisterte Fußballer wuchs mit viel Herzenswärme und Unterstützung durch seine Familie auf, die ihre Wurzeln in Guinea in Afrika hat. „Die Bedeutung meiner Eltern im Fußball? Es ist einfach so, dass sie mich immer gefördert und ermuntert haben, weiterzumachen“, sagt Simakan. „Sie haben mir immer geholfen, das zu tun, was ich wollte, solange es gut für mich war.“ Das sei Fußball, „weil es ein guter Sport für einen jungen Menschen ist, um sich auszutoben“. Sie merkten, wie wichtig ihrem Sohn die Trainings, Spiele und Gemeinschaft im Verein waren, und kauften ihm die ersehnten Fußballschuhe und Fußballausrüstung. Bei drei Kindern ist das nicht selbstverständlich. „Sie waren bis zum Beginn meiner Karriere sehr wichtig. Es sind diejenigen, die mich dazu erzogen haben, einfach glücklich zu sein, indem ich Fußball spielte“, sagt Simakan. „Das ist es, das ist der Punkt, für den ich meinen Eltern danke.“

Mit neun Jahren wechselte der begabte und athletische Junge zu einem anderen Verein in Marseille. Einige seiner Jugendtrainer hatten sich dem FC Rouguière angeschlossen und fragten, ob Mo mitkommen wolle. „Sie boten an, mich bei meinen Eltern abzuholen und zum Training zu bringen. Solange es mir Spaß macht, habe ich gedacht: warum nicht?“ In dieser Saison spielte Simakan, der damals noch Stürmer war, wie entfesselt auf. Er schoss sagenhafte 130 Tore in einer Spielzeit. „Wir hatten eine großartige Saison mit sehr guten Teamkollegen. Mit einigen bin ich heute noch in Kontakt“, erzählt er. „Ich konnte mich dort entfalten. Als ich klein

Der Spaß am Fußball ist für Mo Simakan extrem wichtig. Hier beim Jubel mit den Kollegen nach einem Treffer gegen Stade Reims.

war, war ich sehr schnell und hatte ordentlich Schusskraft. Also habe ich meine Geschwindigkeit genutzt und konnte so viele Tore erzielen."

Das blieb auch den Talent-Scouts von Olympique Marseille nicht verborgen. Nach nur einem Jahr bei Rouguière warben sie den 130-Tore-Mann ab. „Meine Zeit bei Olympique Marseille hat mich geprägt, weil es mein Herzensklub war, der Klub meiner Stadt", erklärt Simakan. „Zu dieser Zeit war das auch der Nummer-eins-Klub in Frankreich. Für jeden jungen Mann aus Marseille ist es ein Traum, bei OM zu spielen. Wenn Olympique Marseille dich haben will, lehnt keiner ab. Wir alle haben versucht, dorthin zu kommen. Als sie anfragten, war ich super glücklich und habe versucht, meine Chance zu ergreifen."

Aus dem Sturm in die Abwehr

Fünf Jahre lang erhielt Simakan beim neunmaligen französischen Meister das Rüstzeug für seine spätere Karriere. Hier wurde er auch zum Innenverteidiger umgeschult. „Ich habe schon immer gern verteidigt. Irgendwann fiel einer unserer Abwehrspieler aus. Wir hatten keinen Ersatz, also fragte mich der Trainer, ob ich aushelfen kann", berichtete er in einem Gespräch für die „Mitteldeutsche Zeitung". „Also bin ich als Abwehrspieler aufs Feld, habe trotzdem ein Tor gemacht, später sagte der Coach zu mir: ‚Mo, bleib da hinten, das ist gut für dich.'"

Doch mit 14 Jahren zog sich der Abwehrspieler mit viel Offensivdrang eine schwere Knieverletzung zu und konnte monatelang nicht spielen. Die Ausbilder bekamen Zweifel, ob er den Ansprüchen weiter genügen kann. So kam es, dass Simakan einen Schritt zurück machte und mit 15 bei dem Amateurverein SC Air Bel begann. Im Prinzip war es genau andersherum wie in der bekannten TV-Sitcom „Der Prinz von Bel-Air“, in der der junge Will Smith zu wohlhabenden Verwandten geschickt wird, um dort einen guten Schulabschluss zu machen. Der junge Mo Simakan begab sich bei Air Bel zurück in die einfache Welt des Amateurfußballs, um es später bis ganz nach oben zu schaffen.

„Als ich dort ankam, fühlte ich mich sofort wieder wohl in meiner Haut. Ich hatte Trainingsrückstand, weil ich in der vorhergehenden Saison fast acht Monate verpasst hatte“, blickt Simakan zurück. „Wenn man als junger Spieler so lange ausfällt, fehlt einiges: Ich hatte meine Spritzigkeit und meine Geschwindigkeit verloren, die ich erst wiederfinden musste.“ An all diesen Dingen konnte er bei Air Bel in Ruhe arbeiten. Zwar ist Air Bel in der Fußballwelt der Erwachsenen nicht bekannt, aber im Nachwuchs stiegen Simakan und seine Mitspieler damals in die oberste Liga auf. Nicht nur er, auch sein Kollege Wesley Fofana, der aktuell beim FC Chelsea spielt, ging aus der Jugend des kleinen Klubs hervor.

Bei Air Bel kam die Lust am Fußball zurück

Rückblickend betrachtet waren die zwei Jahre bei Air Bel vielleicht die entscheidenden für die spätere Karriere von Simakan. Zuvor war ihm die Lust am Fußball durch die Verletzung und die strenge Ausbildung bei Topklub Olympique ein wenig abhanden gekommen. „Als ich dann bei Air Bel war, fand ich die Freude wieder, weil ich Teamkollegen hatte, mit denen ich die ganze Zeit Spaß hatte – sei es im Training, sei es in Spielen, es gab immer was zu lachen“, sagt Simakan. Ein typischer Satz von ihm, der sein sonniges Gemüt zeigt. „Das waren echte Typen,

Beliebt bei den Fans: Mo Simakan.

die man auch außerhalb des Feldes zum Beispiel in der Stadt treffen kann", erzählt er weiter. „Ich habe dort mehr Fortschritte gemacht, weil ich etwas befreiter war. Es gab weniger Druck."

Der lachende, gut gelaunte, stets herumalbernde Simakan war in dieser Phase seiner Entwicklung noch nicht bereit für das oft stromlinienförmige Leben in einer Nachwuchs-Akademie. Er wollte kein Fußball-Roboter sein, sondern brauchte Lockerheit und Zeit, sich als Typ zu entwickeln. „Wenn man jung ist und in einem professionellen Klub ankommt, ist das nicht dasselbe wie bei einem Amateurverein. Alles ist strenger und es gibt viele Regeln, viel Disziplin. Man bereitet uns bereits darauf vor, Profi zu sein, falls es Spieler gibt, die mehr Zeit brauchen, um sich anzupassen, und ihre Jugend ausnutzen wollen", beschreibt er seine Eindrücke von damals.

In dieser Zeit wuchs auch der Traum, es zurück zu einem Topklub schaffen zu können. „Es stimmt, dass ich darüber anfangs gar nicht nachgedacht habe, Profi zu werden – erst mit 16, 17 Jahren", sagt Simakan. „Da habe ich gemerkt, dass da etwas möglich ist, und musste mir die Fähigkeiten aneignen, das dann tatsächlich zu erreichen."

Spaß und Leistung

Die zweite Chance dazu bekam er bei Erstligist Racing Straßburg. Der Klub aus dem Elsass nahe der deutsch-französischen Grenze entdeckte und schliff den Rohdiamanten. Nach zwei Jahren bei Air Bel war Simakan bereit für ein professionelles Umfeld. „Als ich in Straßburg ankam, dachte ich mir: ‚Du bist nah an den Profis, du bist in der U19, du kommst an und erreichst das Niveau der Profis!'" Sein Rezept: „Ich blieb gut gelaunt, genauso wie man mich kennt, in Straßburg und anderswo. Das hat den Unterschied gemacht. Wenn man zeigt, dass man fröhlich ist, gern lacht, aber gleichzeitig auf dem Feld nicht vergisst, dass dies auch unsere Arbeit ist. Ich habe es geschafft, diesen Schritt in meinem Kopf zu gehen und zu wissen, was ich wollte. Deswegen konnte ich in Straßburg erfolgreich sein", schildert er. Die Freude am Spiel nicht zu verlieren und gleichzeitig professionell zu leben und zu trainieren, war die prägendste Einsicht für Simakans weitere Laufbahn.

Nicht nur im Kopf, auch hinsichtlich seiner Fähigkeiten machte er einen Leistungssprung. „Ich habe mich wirklich verbessert. Ich war einfach im professionellen Modus", erinnert er sich an diese wegweisenden Monate. „Ich habe

STECKBRIEF

GEBURTSORT: Marseille (Frankreich)
NATIONALITÄT: französisch
GEBURTSTAG: 3. Mai 2000
GRÖSSE: 1,87 Meter
POSITION: Innen- und Rechtsverteidiger
FUSS: rechts
BEI RB SEIT: 1. Juli 2021
STATUS: Publikumsliebling, stürmender Rechtsverteidiger, emotionalster Spieler im Team, liebt Zweikämpfe (66 Einsätze, 4 Tore)
NATIONALMANNSCHAFT: Frankreich U21 (1 Einsatz/kein Tor) und U20 (2/1)
FRÜHERE VEREINE: Vivaux Marronniers Sports (2006–2009), FC Rougière (2009/10), Olympique de Marseille (2010–2015), JO St. Gabriel (2015), Air Bel (2015–2017), RC Strasbourg (2017–2021)
BESONDERHEIT: ist gläubiger Muslim und fastet während des Ramadans, isst und trinkt dann auch an Spieltagen von der Morgendämmerung bis zum Sonnenuntergang nichts. Als bei einem Abendspiel gegen Hoffenheim die Sonne unterging, wurde das Spiel unterbrochen, Simakan nahm Energie-Gel und Riegel zu sich und bereitete prompt ein Tor vor.
HOBBYS: Bowling (Rekord: 172 Pins)
LIEBLINGSESSEN: Lasagne
LIEBLINGSVEREIN ALS KIND: Olympique de Marseille

Mo Simakan feiert mit den Teamkollegen und Fans den Pokalsieg 2022.

Zweikampfstark und torgefährlich: Simakan ist eine echte Bereicherung für RB Leipzig, hier im Duell mit Bayern Münchens Jamal Musiala.

an mich geglaubt und konnte einfach zeigen, dass ich Qualitäten habe, die ich entwickeln kann. Ich habe viel an mir gearbeitet, sei es an meiner Ausdauer oder an meiner Geschwindigkeit und Stabilität, um bestmöglich auf die Profiwelt vorbereitet zu sein."

Trotz eines Kreuzbandrisses kämpfte er sich in die erste Mannschaft, debütierte mit 19 in der französischen Ligue 1 und spielte plötzlich auf höchstem Niveau gegen Kilian Mbappé & Co. „Irgendwann im Spiel haben wir uns unterhalten und er sagte zu mir: ‚Du sitzt mir immer im Nacken'", erzählte er mal bei Spox von diesem außergewöhnlichen Duell. Simakan entwickelte Lust an Duellen wie diesen – Stürmer gegen Verteidiger, die puristischste Form des Fußballs. „Ich könnte 90 Minuten nur eins gegen eins spielen. Dort der Stürmer, hier ich – da kann ich zeigen, was ich draufhabe und wie stark ich bin. Danach schüttelt man sich die Hände", erklärte er der „Mitteldeutschen Zeitung".

Rote Rastaspitzen als Hommage an die RB-Fans

Diese Qualität und Haltung schätzte auch RB Leipzig, sodass Simakan mit 21 nach Deutschland wechselte. Als er in Leipzig ankam, hatte er sich die Spitzen seiner Rastafrisur rot gefärbt – als Zeichen an seinen neuen Klub und die Fans. „Ich will mich mit dem Verein identifizieren, deswegen habe ich die Spitzen extra so gefärbt", sagte er bei seiner Vorstellung in Leipzig. „Ich bin gern hier, und das will ich zeigen." Eine coole Geste des wohl auf Anhieb sympathischsten Neuzugangs seit Yussuf Poulsen und Zeichen dafür, dass er nicht nur auf der Durchreise ist, sondern sich komplett auf RB einlassen will. Diesen Eindruck untermauerte er mit starken Auftritten vor allem über die bis dato ungewohnte rechte Abwehrseite, bei denen er seine alten Stürmergene zeigt und immer wieder Tore vorbereitet.

Die Feier danach genießt er mit den Fans wie kein Zweiter bei RB. Das hat auch damit zu tun, dass er nicht vergessen hat, wie er selbst als Kind und Jugendlicher seinem Lieblingsklub Olympique Marseille zugejubelt hat. „Ich war Fußballfan, bevor ich selber Spieler und später Profi wurde. Ich weiß noch, wie glücklich ich bei jedem Tor war. Es war, als würde das ganze Stadion in einem Rausch versinken", sagte er bei dem Portal RBlive.de. „Jetzt habe ich die Seiten gewechselt. Wenn wir ein Tor erzielen, dann stelle ich mir vor, wie sich die Fans darüber freuen. Diese Freude will ich zurückgeben." Einen besseren Antrieb für Topleistungen mit einem Strahlen im Gesicht kann es eigentlich kaum geben.

@simakan2

„Ich bin gern hier, und das will ich zeigen.“

GRÖSSTE ERFOLGE

DFB-Pokalsieger 2022

Deutscher Vizemeister 2017 und 2021

Aufstieg Bundesliga 2016

Deutscher A-Jugend-Vizemeister 2011

Willi liebt Widerstände

Willi Orbán begann beim 1. FC Kaiserslautern mit dem Fußballspielen, als die „Roten Teufel“ gerade Deutscher Meister waren. Als er es tatsächlich bis in die Bundesliga geschafft hatte, merkte er, wie schnell im Fußball alles gehen kann – positiv wie negativ.

WILLI THOMAS ORBÁN*

*geb. als Vilmos Tamás Orbán

Scherben bringen Glück, lautet ein altes Sprichwort. Im Falle von Willi Orbán stimmt das wirklich. Als es wieder einmal scherbelte, weil der damals Vierjährige daheim Fußball gespielt und das Mobiliar getroffen hatte, meldeten seine Eltern ihn in einem Verein an. Nicht in irgendeinem: Sie brachten ihn ganz einfach zum angehenden Deutschen Meister, dem 1. FC Kaiserslautern. „Ich war ein energiegeladenes Kind, habe zu Hause ein, zwei Vasen kaputtgeschossen", berichtet RB Leipzigs Abwehrchef. „So haben mich meine Mutter und mein Stiefvater beim nächstgelegenen Verein angemeldet, das war der 1. FCK."

„Energiegeladenes Kind": Weihnachten mit Willi.

Die „Roten Teufel", wie die Lauterer genannt werden, setzten damals gerade dazu an, Märchenhaftes zu schaffen: Als erster und bislang einziger Klub wurden sie 1997/98 als Aufsteiger direkt Meister. Das hat später nicht einmal RB Leipzig geschafft. „Ich habe noch ein paar Erinnerungen an die große Meisterfeier 1998. Die ganze Stadt war in Partylaune. Kaiserslautern ist in der Region wie Religion, der Betzenberg ist ein Mythos", erzählt Orbán. Der Klub war also in aller Munde und lag um die Ecke, einen anderen Sportverein kannten die Orbáns gar nicht. So kam es, dass Willi nicht wie die meisten anderen Kinder bei einem kleineren Stadtteilverein anfing zu kicken, sondern direkt bei dem Klub einstieg, der damals ganz Deutschland euphorisierte.

2010 mit der FCK-Jugend in einem Spiel gegen den FC Bayern, Gegenspieler: Andreas Voglsammer, der später auch in der Bundesliga gelandet ist.

STECKBRIEF

GEBURTSORT: Kaiserslautern
NATIONALITÄT: deutsch/ungarisch
GEBURTSTAG: 3. November 1992
GRÖSSE: 1,86 Meter
POSITION: Innenverteidiger
FUSS: rechts
BEI RB SEIT: 1. Juli 2015
STATUS: Fels in der Brandung, Konstante, Vize-Kapitän (274 Einsätze, 25 Tore)
NATIONALMANNSCHAFT: seit Oktober 2018 für Ungarn (37 Einsätze, 5 Tore)
FRÜHERE VEREINE: 1. FC Kaiserslautern (1997 bis 2015)
BESONDERHEIT: isst gern mal ein Steak zum Frühstück, der Proteine wegen, die ihn nicht so träge machen wie Kohlehydrate etwa im Müsli. Trägt einen Schlafring, mit dem er seinen Schlaf überwacht.
HOBBYS: Bewegung am und im Wasser/den Leipziger Seen
LIEBLINGSESSEN: Fleisch
LIEBLINGSVEREIN ALS KIND: 1. FC Kaiserslautern

Schon beim 1. FC Kaiserslautern konnte sich Willi Orbán als kompromissloser Verteidiger in der Bundesliga beweisen. Hier 2014 gegen Arjen Robben vom FC Bayern.

Doch bei seiner ersten Einheit war Willi plötzlich gar nicht mehr so wild wie daheim, sondern eher schüchtern. „Beim ersten Training hatte ich noch leichte Scheu, es waren viele Kinder und Eltern, viele neue Gesichter. Meine Mutter dachte schon: ‚Oh, vielleicht wird das doch nix mit Willi und dem Fußball'“, erinnert sich der heutige RB-Leistungsträger. „Aber im Gegenteil: Ich habe mich schon auf die zweite Einheit gefreut, da war das Schüchterne abgelegt, ich war komplett drin, und dann konnte man mich auch nicht mehr aufhalten.“

Von diesem Zeitpunkt an ließ der Fußball Willi Orbán nicht mehr los. „Ich war fasziniert von der Kugel, bin zeitweise mit dem Ball schlafen gegangen. Mein Fußball und ich waren unzertrennlich“, sagt er.

„Mein Fußball und ich waren unzertrennlich.“

Dabei spielte Fußball in der Familie Orbán ursprünglich gar keine so große Rolle. Weder seine Mutter, die aus dem früheren Ostpreußen im heutigen Polen stammt und als Spätaussiedlerin in die Pfalz gekommen war, noch sein ungarischer Vater, der in Kaiserslautern arbeitete, hatten etwas mit Fußball zu tun. Doch von seinem Vater, der in seiner Jugend Judo als Leistungssport betrieb und auch ungarischer Meister war, hat er wohl den Körper und das Bewegungsgefühl für Leistungssport mitbekommen. Ursprünglich trug Orbán übrigens die ungarisch-polnischen Vornamen Vilmos Tamás, doch seine Mutter ließ das später beim Notar in Willi Thomas eindeutschen, weil sie befürchtete, Lehrer und andere Kinder könnten das sonst nicht gut aussprechen.

Sehnsuchtsort Betzenberg

Weil der Vater zurück in seine Heimat ging, als Willi Orbán zwei, drei Jahre alt war, sahen sich beide meist nur in den Ferien. „Ungarn war vor 20 Jahren noch etwas wilder als heute. Du hast als Kind gemerkt, dass das Leben in Ungarn ein bisschen anders ist, lockerer als im strukturierten Deutschland“, berichtet Willi. „Mir hat das immer gefallen, wenn ich in den Ferien bei meinem Vater war. Über den Tellerrand zu schauen, hat mich bereichert.“ Vielleicht wurde da der Grundstein dafür gelegt, dass sich Willi Orbán später dafür entschied, für die ungarische Nationalmannschaft zu spielen, nachdem er lange vergebens auf eine Berufung für das DFB-Team gewartet hatte.

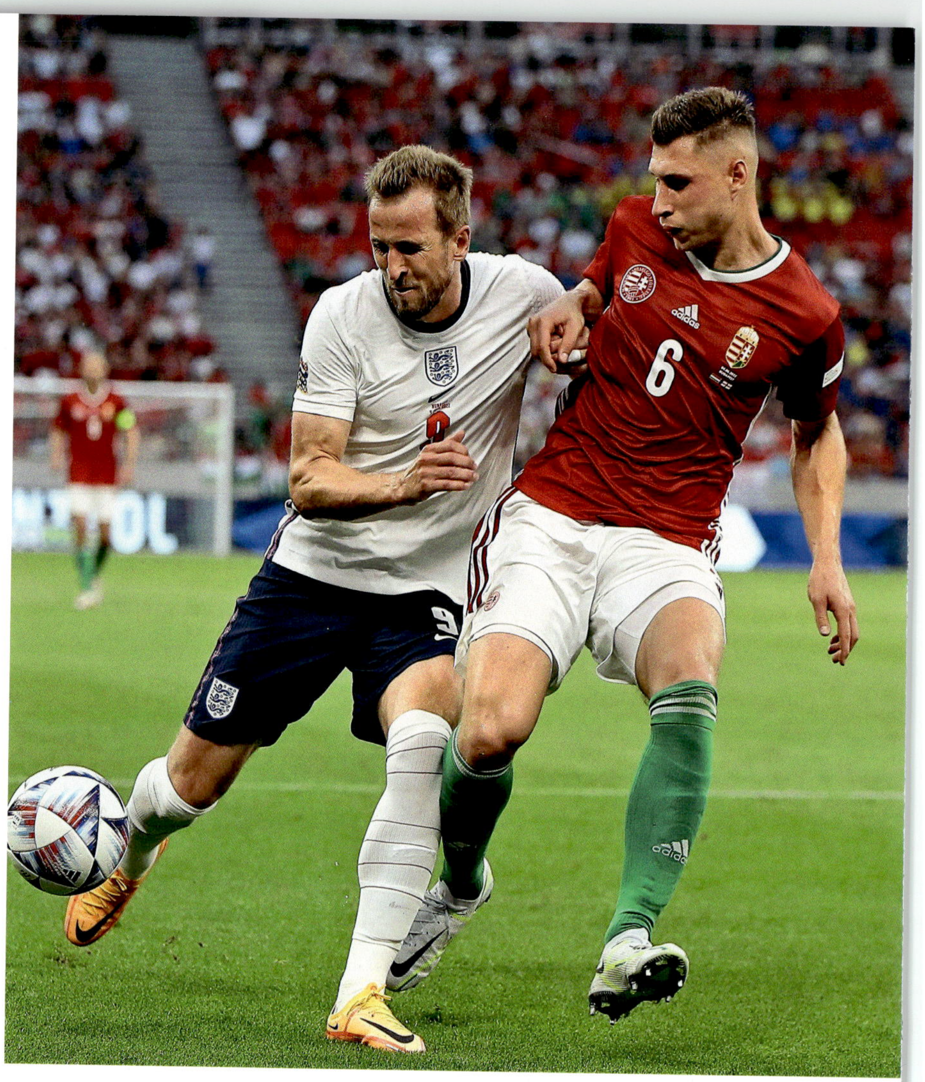

Auch im ungarischen Nationalteam eine feste Größe und unangenehmer Gegenspieler: hier für den Engländer Harry Kane.

Willi Orbáns Alltag zu Hause in der Pfalz bestimmte der Fußball, auf den alles ausgerichtet war. Die Familie zog in das beschauliche Mehlingen, das erste Dorf hinter der Stadtgrenze Kaiserslauterns, das auch nur zwei, drei Kilometer vom Trainingsgelände entfernt war. Und ab der fünften Klasse besuchte Willi Orbán eine Eliteschule des Sports, wo er in einer reinen Fußballklasse aufs Gymnasium ging. „Du spielst in dem Alter einfach Fußball, um mit deinen Jungs Spaß zu haben. Ich habe mich auf jedes Training gefreut, das ist übrigens heute auch noch so", sagt Leipzigs wohl fleißigster Spieler. „Da macht man sich keine Gedanken darüber, dass man mal Profi werden könnte oder beim aktuellen Deutschen Meister spielt." Die Ausbildung in seiner Kindheit sei noch nicht so „professionell wie heute" gewesen, dafür sehr spaßbetont. „Wir haben meistens einfach gekickt, die Trainer haben uns freien Lauf gelassen. Ich bin dem 1. FCK sehr dankbar für diese Ausbildung, der Verein hat großen Anteil an meiner Entwicklung", sagt er.

„Ich bin dem 1. FCK sehr dankbar für diese Ausbildung, der Verein hat großen Anteil an meiner Entwicklung."

Immer wieder schaute Willi Orbán als Junge sehnsüchtig nach oben auf den Betzenberg, wo das Fritz-Walter-Stadion glitzerte. Ein Sehnsuchtsort, dem er sich Stück für Stück näherte. „Ich war davon schon fasziniert. Da ist der Traum entstanden, dort mal bei einem Spiel dabei zu sein – erst als Zuschauer auf den Rängen, dann viele Jahre als Balljunge am Spielfeldrand; später dann mit der zweiten Mannschaft und schließlich mit den Profis auf dem Rasen", erzählt der 1,86 Meter große Innenverteidiger. „So entwickelte sich mein Kindheitstraum. Ich war angespornt, sehr ehrgeizig."

In der gesamten Nachwuchszeit zwischen fünf und 18 Jahren gab es eigentlich nur ein schwieriges Jahr für Orbán. „Ich hatte in der U16 eine Phase, in der der Verein wirklich überlegt hat, ob sie mich in die nächste Altersklasse übernehmen“, erinnert er sich. „Ich war zwar nicht der Kleinste, aber weil ich im November Geburtstag habe, war ich immer einer der Jüngsten und körperlich etwas später entwickelt. Keine Riesenkrise, aber da stand das kurzzeitig auf der Kippe.“ Willi Orbán dachte sogar schon über einen Plan B nach; in diesem Fall wäre er zu Mainz 05 gewechselt. „Doch wie man sieht, hat es sich gelohnt, auch durch schwierige Phasen zu gehen“, sagt er. Eine Maxime für seine weitere Karriere.

Debüt gegen Bayern: „Massiv das Urvertrauen gestärkt“

Von seinen Eltern bekam er immer Rückendeckung – auch wenn er es nicht geschafft hätte, Profi zu werden: „Meine Mutter hat mich einfach kicken lassen, keinen Druck gemacht, aber immer Wert auf die Schule gelegt. Das hat mir gutgetan.“ Falls es mit dem Traum vom Fußballprofi nicht geklappt hätte, wäre er wohl Polizist geworden. Hätte auch ganz gut gepasst, schließlich ist der verlässliche und kompromisslose Orbán heute so etwas wie Leipzigs Sicherheitschef auf dem Feld.

Doch spätestens in der U19, als er im Finale der Deutschen Meisterschaft stand (2:4 gegen Wolfsburg) und mit den Profis ins Trainingslager fahren durfte, wurde immer deutlicher, dass der Abiturient tatsächlich das Zeug dazu hat, mit Fußball sein Geld zu verdienen. „Ich habe Blut geleckt und wollte unbedingt dabei sein. Diese Einstellung hat mich so weit gebracht“, betont er heute.

Nur wenige Wochen später wurde er im August 2011 zum ersten Mal bei den Profis eingewechselt – auf dem Betzenberg, gegen den FC Bayern München. Drei Minuten plus Nachspielzeit durfte Willi Orbán aufs Feld, als Sechser im defensiven Mittelfeld, wo er sonst gar nicht spielte. Auch wenn die Partie nach drei Toren von Mario Gomez mit 0:3 verloren ging, ein Initialmoment für das Talent. Orbáns Glück war an diesem Tag perfekt. „Da habe ich gesehen, wie schnell es auf einmal gehen kann und man dabei ist. Ich stand plötzlich gegen Franck Ribéry, Arjen Robben und Mario Gomez vor 50.000 Fans auf dem Platz. Spätestens da wusste ich, dass ich auch das Zeug dazu habe“, schildert Orbán. „Das hat massiv das Urvertrauen gestärkt, dass ich meinen Weg gehen werde.“

Der größte Erfolg in seiner bisherigen Karriere: der Pokalsieg 2022.

Doch nur drei Tage später hatte Orbán ein rückblickend ebenso einschneidendes negatives Erlebnis. Mit der zweiten Mannschaft des 1. FCK in der Regionalliga riss er sich den Außenmeniskus im Knie ein. „Ich habe die Verletzung ein bisschen belächelt und unterschätzt", sagt Orbán. Nach vier Wochen war er zurück auf dem Platz, drei Monate später spielte er das erste Mal über 90 Minuten in der Bundesliga. Doch im Mai des kommenden Jahres stellte sich heraus, dass die Verletzung nicht so harmlos war, wie zunächst angenommen. Nach einer zweiten Operation sagten die Ärzte dem aufstrebenden Spieler, „dass sie nicht genau wissen, ob das noch mal was mit Leistungssport wird". Ein Schock für Willi Orbán, dem bewusst wurde, wie schnell auch alles wieder vorbei sein kann: „Das war der Moment, in dem ich gemerkt habe, dass ich noch mehr auf meinen Körper achten und mich intensiver mit ihm auseinandersetzen muss." Nicht umsonst gilt er heute als der emsigste RB-Spieler im Kraftraum, der auch privat in einem Kraftraum zu Hause am meisten für seinen Körper tut und ein absoluter Musterprofi ist. Auch, was Ernährung und Schlaf angeht.

Mit allen Tricks: Rangnick überzeugte Orbán

Diesen Nerv traf auch Ralf Rangnick, als er den deutschen U21-Nationalspieler 2015 traf, um ihn zum damaligen Zweitligisten RB zu locken. „Meine Intention war, in die Bundesliga zu wechseln. Aber mein Berater meinte, dass Ralf Rangnick mich unbedingt persönlich sprechen will", berichtet Orbán. Rangnick überzeugte den aus der Bundesliga umworbenen Verteidiger auch mit der modernen Ernährung und Trainingsmethoden, die er bei RB eingeführt hatte. „Ich habe direkt gemerkt, dass er ein Perfektionist und Visionär ist und Großes vorhat mit RB Leipzig. Er hat mir dann auch gesagt, dass er selbst Trainer wird. Spätestens dann hatte ich richtig Bock auf RB. Ich war direkt Feuer und Flamme", sagt er.

Acht Jahre später ist Willi Orbán noch immer im Klub, hat sich gegen alle Konkurrenten, die vielleicht schneller und talentierter sind, mit seinem Willen und seiner Erfahrung durchgesetzt. Während dieses Buch in der Saison 2022/23 entstand, war kein Leipziger Verteidiger zuverlässiger, keiner spielte häufiger als Willi Orbán, der den verletzten Péter Gulácsi als Kapitän vertrat. Die Treue zu RB betrachtet er übrigens nicht als Gewohnheit, sondern als Herausforderung. „Ich liebe Challenges", sagt er. „Gerade Krisen sind doch etwas Spannendes – im Fußball ebenso wie in einer Beziehung. Ich bin keiner, der hinschmeißt, wenn es schwierig wird, und sich eine neue Freundin und einen neuen Klub sucht. Ich arbeite gern daran, man wächst an Krisen. Es passt zu meinem Charakter, dass ich immer versuche, Widerstände zu überwinden."

williorban4

„Ich bin keiner, der hinschmeißt, wenn es schwierig wird, und sich eine neue Freundin und einen neuen Klub sucht.“

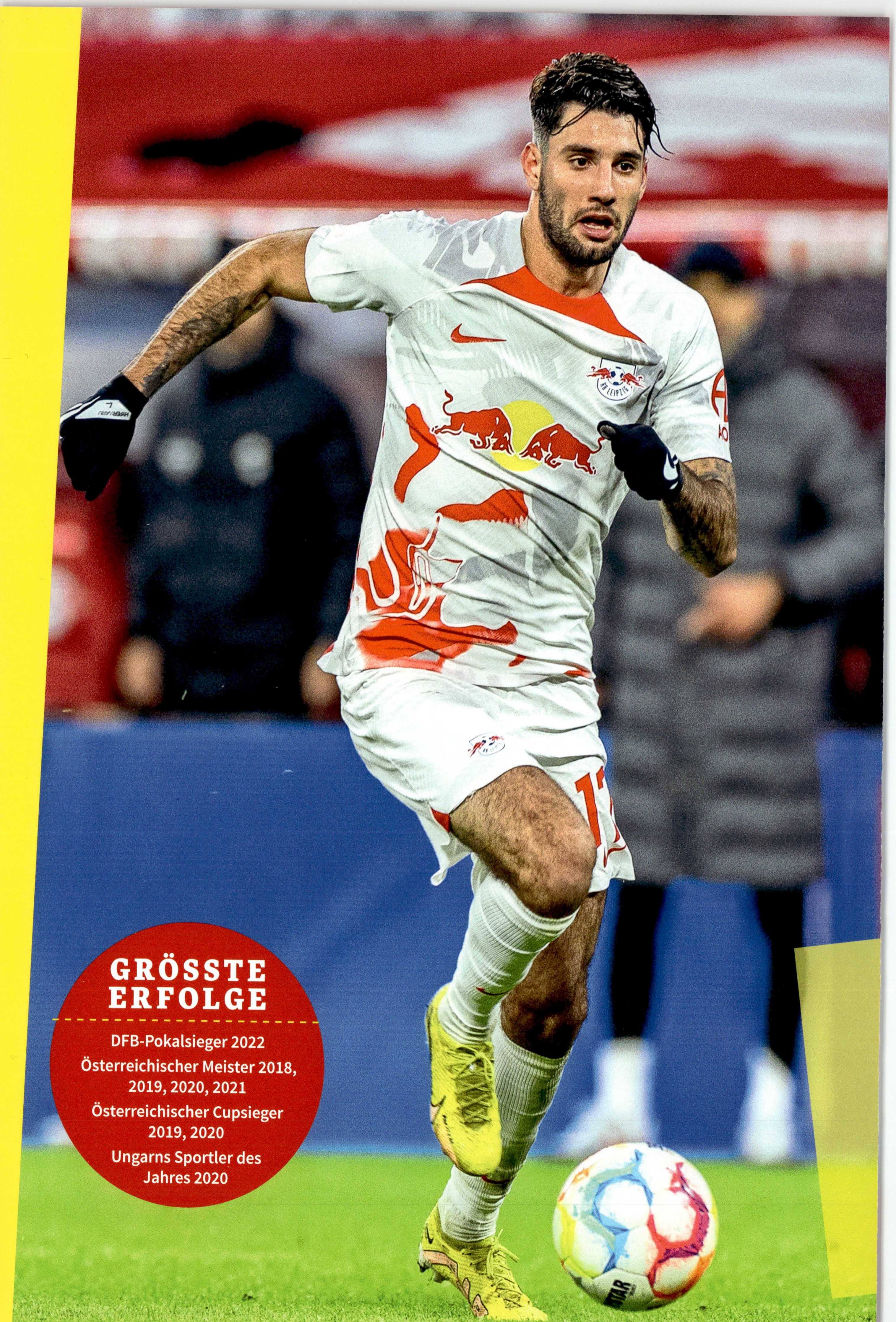

GRÖSSTE ERFOLGE

DFB-Pokalsieger 2022

Österreichischer Meister 2018, 2019, 2020, 2021

Österreichischer Cupsieger 2019, 2020

Ungarns Sportler des Jahres 2020

Keine ganz normale Kindheit

200 Freistöße pro Tag und Dribblings im Wohnzimmer statt Lego und Freizeitspaß: Dominik Szoboszlai hat auf vieles verzichtet, um es bis ganz nach oben zu schaffen. Sein Vater Zsolt gründete für ihn sogar einen eigenen Verein.

DOMINIK SZOBOSZLAI

Damit Dominik Szoboszlai sein Motto als Fußballer nie vergisst, hat er es sich auf den linken Arm tätowiert. „Talent is given by god, but without determination and sacrifice, it's worth nothing", steht da. „Talent ist von Gott gegeben, aber ohne Entschlossenheit und Opfer ist es nichts wert." Sich zusätzlich zu seinen herausragenden Anlagen auch noch mehr zu quälen als andere und sich auf dem Platz zu zerreißen, ist das Lebensthema des Mittelfeldstars von RB Leipzig.

„Szobo", wie ihn seine Kollegen nennen, wuchs im ungarischen Székesfehérvár auf, einer Stadt mit 100.000 Einwohnern zwischen der Hauptstadt Budapest und dem Balaton, einem der größten Seen Europas. Sein Vater Zsolt war ebenfalls ein begabter Fußballer, der als Stürmer unter anderem elf Erstligaspiele in Ungarn absolvierte.

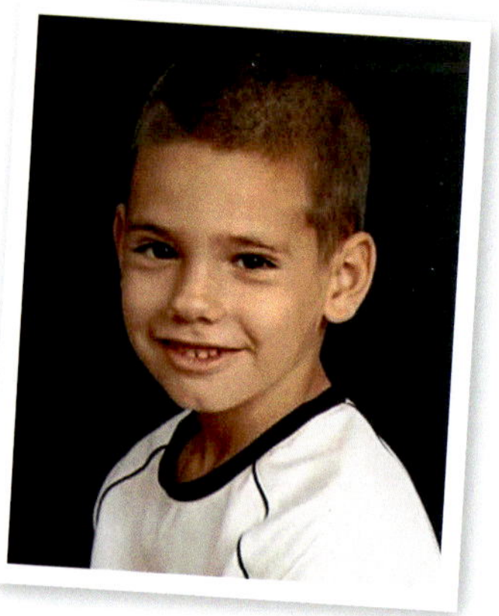

Dominik Szoboszlai (hintere Reihe, zweiter von links) und seine Teamkollegen feiern den zehnten Geburtstag ihres Vereins Fönix-Gold FC.

„Sobald Dominik laufen konnte, gab ich ihm einen Ball", sagte sein Papa Zsolt einmal. Dominik begleitete seinen Vater schon als kleines Kind bei Spielen und Trainings. „Ich wollte immer mit. Er musste mich gar nicht dafür begeistern", erzählt er im Gespräch für dieses Buch. „Dann habe ich immer vor und nach dem Training mit ihm gespielt, und alles kam von allein." Ab und an stürmte Szoboszlai junior bei Spielen auch aufs Spielfeld, wenn sein Vater gerade ein Ligaspiel hatte. „Manchmal konnte ich nicht anders, als dem Ball hinterherzulaufen", erzählte er jüngst in einem Interview für „The Athletic".

„Vor der Schule, nach der Schule – immer, wenn ich Zeit hatte, habe ich Fußball gespielt."

Zsolt Szoboszlai erkannte die Begeisterung seines Sohnes früh und richtete auch sein Leben stark danach aus. „Ich war das einzige Kind meiner Eltern. Es drehte sich vieles um Fußball. Vor der Schule, nach der Schule – immer, wenn ich Zeit hatte, habe ich Fußball gespielt", sagt der heute 22-Jährige.

Ein Kinderzimmer voller Spielzeug wie seine Altersgenossen hatte Dominik Szoboszlai nicht; vielmehr war sein Kinderzimmer der Fußballplatz. „Mir wurde als kleines Kind gar kein Lego oder anderes Spielzeug gezeigt, weil ich nur mit einem Ball gespielt habe", berichtet er. „Wahrscheinlich hätte ich gar nicht gewusst, was ich damit anfangen soll. Das hat mich nicht so interessiert. Das Wichtigste war wirklich der Ball."

Eine „normale Kindheit" wie andere in seinem Alter mit jeder Menge Freizeitbeschäftigungen habe er nie gehabt, erzählte Szoboszlai ungarischen Medien. Stattdessen stand in jeder freien Minute Fußballunterricht auf dem Programm. „Ich hatte einen sehr engen Kontakt zu meinem Vater, weil er auch mein Trainer war", sagt Szoboszlai. „Er hatte immer den Ehrgeiz, Trainer zu werden, also begannen wir zusammen zu arbeiten, als ich drei Jahre alt war", berichtete er dem Portal „Goal".

Engagierte Väter gründen neuen Verein

Mit sechs Jahren meldete sein Vater ihn bei dem lokalen Topklub Videoton FC an, der seit 2010 dreimal ungarischer Meister geworden ist und inzwischen Fehérvár FC heißt. Doch dort blieben er und sein Vater nur ein Jahr, weil Zsolt Szoboszlai seinen begabten Sohn selbst trainieren wollte und das bei Videoton nicht möglich war. Kurzerhand gründeten

Oktober 2018: Dominik Szoboszlai im Trikot des FC Liefering, einem Salzburger Farmteam, in der zweiten österreichischen Liga.

Actionreiches Trainingslager in Österreich: Szoboszlai auf der Kartbahn im Sommer 2021.

Zsolt und seine Mitstreiter einen eigenen Klub, um ihre Kinder bestmöglich zu fördern. „Mein Vater hat bei Videoton als Trainer aufgehört und mit zwei anderen Vätern den Fönix FC gegründet", berichtet Sohn Dominik. „Da habe ich fast alles gelernt, was ich heute kann." Auch die Söhne anderer Väter, beispielsweise Dominik Molnar und Bendegúz Bolla, der 2023 von den Wolverhampton Wanderers zum Grasshopper Club Zürich wechselte, wurden Fußballprofis.

Fönix verfolgte einen damals neuen Ansatz, ähnlich dem, der sich aktuell auch in Deutschland mit Funiño-Fußball durchsetzt. Im Mittelpunkt der Ausbildung stehen technische Fähigkeiten, Spielfreude und Kurzpassspiel. Trainiert wird auf kleinen Spielfeldern und mit innovativen Methoden. Statt Leibchen tragen die jungen Kicker etwa farbige Stirnbänder, damit sie lernen, den Kopf nach oben zu richten und stets die Übersicht zu behalten. Um zu verhindern, dass sich die Kinder gegenseitig am Trikot ziehen, wird bisweilen mit Golfbällen in den Händen trainiert. „Unsere Konzentration liegt darauf, die technischen Fähigkeiten zu beherrschen", sagte Szoboszlai senior dem britischen Fußballportal „First Time

STECKBRIEF

GEBURTSORT: Székesfehérvár (Ungarn)
NATIONALITÄT: ungarisch
GEBURTSTAG: 25. Oktober 2000
GRÖSSE: 1,86 Meter
POSITION: offensives Mittelfeld
FUSS: rechts
BEI RB SEIT: 1. Januar 2021
STATUS: Kommender RB-Topstar, schießt die besten Flatterbälle, kein Zehner ackert so viel nach hinten wie er (78 Einsätze, 15 Tore)
NATIONALMANNSCHAFT: Ungarn (28 Einsätze, 6 Tore)
FRÜHERE VEREINE: Videoton (2006 bis 2007), Fönix FC (2007 bis 2015 und 2016/17), MTK Budapest (2015/16), Red Bull Salzburg (2017 bis 2021), FC Liefering (2017/18)
BESONDERHEIT: hat mit Schuhgröße 41 ausgesprochen kleine Füße für seine Körpergröße
HOBBYS: Snowboarden, Kochen, PlayStation zocken
LIEBLINGSESSEN: Currywurst mit Pommes
LIEBLINGSVEREIN ALS KIND: Real Madrid

Finish". „Die Philosophie ist, Fußball zu *spielen*. Wenn man über die technischen Fähigkeiten verfügt, macht es viel mehr Spaß, einfach zu spielen."

Actionreiches Trainingslager in Österreich, Teil 2: Im Sommer 2022 beim Wasserball.

Dominik Szoboszlai lernte von seinem höchst engagierten Vater, dass er immer am längsten und härtesten trainieren muss, um der Beste zu werden. „Wenn die Trainingseinheiten zu Ende waren, hat er mit mir weitertrainiert. Ich habe immer mehr gemacht als die anderen, und er hat von mir immer viel mehr erwartet als von anderen", erinnerte er sich. „Aber deswegen bin ich jetzt hier." Nicht nur im Training, auch privat nutzten die Szoboszlais jede Gelegenheit für so viele Wiederholungen wie möglich. Sogar die kleine Wohnung wurde zum Trainingsparcours. Sein Vater habe „leere Flaschen im Wohnzimmer aufgestellt und ich musste sie umdribbeln. Wenn ich keine Flaschen umgeworfen habe, habe ich als Belohnung ein Eis bekommen", berichtete der heutige Nationalspieler bei „The Athletic".

Außergewöhnliche Vater-Sohn-Beziehung

Das klingt für Außenstehende auch nach einer harten und sehr einseitigen Kindheit, die fast ausschließlich von Fußball dominiert wurde, als sei das schon als Kind sein Job gewesen. Nicht wenige Kinder und Eltern würden ein solch exzessives Training sicher als übertriebenen Drill empfinden. Doch bei den Szoboszlais schweißte ihr gemeinsames großes Ziel Vater und

Januar 2022: Szoboszlai trifft gegen Robin Zentner (Mainz 05) zum 2:0.

Sohn nur noch enger zusammen. Dominik weiß, dass er es ohne die Hartnäckigkeit seines Vaters nicht geschafft hätte, so hart an sich zu arbeiten. „Mein Vater war der entscheidende Faktor in meiner Entwicklung“, sagte er mal. „Die vielen Stunden, die er investiert hat, um mit mir zu üben und mich anzuleiten, werde ich niemals vergessen.“ Bis auf ein Jahr war Zsolt im Nachwuchs stets der Trainer seines Sohnes, bis dieser zu Red Bull Salzburg ging. „Er war und ist immer noch eine großartige Inspiration und ein Idol für mich“, sagt er über die außergewöhnliche Beziehung zu seinem Vater.

Als Jugendlicher trat er jeden Tag 100 bis 200 Freistöße, um seine spezielle Technik immer weiter zu verfeinern. Das macht etwa 50.000 Extraschüsse pro Jahr. „Ich habe sehr viel im Garten geübt“, sagt Szoboszlai. „Ab und zu geht heute mal einer rein.“ Das ist untertrieben, denn seine Flatterschüsse – egal ob bei Freistößen oder aus dem Spiel heraus – sind gefürchtet. Seine Kollegen bei RB Leipzig „nerven“ ihren besten Distanzschützen vor jedem Spiel, öfter mal abzuziehen. In Echtzeit sieht es oft so aus, als habe die Geschosse noch jemand abgefälscht – so krumm ist die Flugkurve. Szoboszlai beherrscht es wie kaum ein zweiter Spieler in der Bundesliga, die Bälle zu beschleunigen und ihnen einen solchen Drall mitzugeben, dass sie in der Luft zu flattern beginnen, ihre natürliche Flugbahn ändern und im Tor einschlagen, als seien sie mit einem Peilsender ausgestattet.

Kleine Füße sind von Vorteil

Immer, wenn er mal wieder ein solches Traumtor geschossen hat, wollen die Reporter wissen, was denn das Geheimnis seiner Schusstechnik ist. Doch das verrät er nicht einmal seinen Kollegen. „Wenn ich es wüsste, würde ich es auch so machen“, sagte Xaver Schlager, der Szoboszlai schon lange kennt. Bei den Zehntausenden Wiederholungen im Garten in Székesfehérvár hat er gelernt, den Ball mit dem Fuß so anzuschneiden wie ein Tischtennisspieler mit seinem Schläger. Mal setzt die Kugel dann mit so viel Topspin auf wie bei einem Schmetterschlag, mal kommt der Ball mit Unterschnitt auf die Keeper zugeflogen. Dazu hilft ihm auch eine Besonderheit seines Körpers: Er hat für seine Körpergröße von 1,86 Metern die relativ kleine Schuhgröße 41. „Kleine Füße sind nicht von Nachteil“, betont er.

Nach dem Pokalsieg 2022 dürfen sich die RB-Spieler ins Goldene Buch der Stadt Leipzig eintragen.

Exzellente Schusstechnik dank jahrelangem Sondertraining: Fernschüsse sind eine Spezialität von Dominik Szoboszlai.

Durch die ungewöhnlichen Trainingsmethoden überzeugten Szoboszlai & Co. als Jugendliche bei Turnieren und Spielen. Beim Cordial Cup im österreichischen Tirol, einem der größten Nachwuchsturniere Europas, staunten die Gegner nicht schlecht. „Die gegnerischen Trainer kamen zu uns und sagten, dass wir spielen, als kämen wir direkt aus einem Play-Station-Spiel", berichtete Szolt Szoboszlai dem britischen Magazin „Four Four Two". So trickreich, so gedanklich schnell, so ballsicher als wäre Fußball ein Videospiel traten die Fönix-Kicker auf.

Bei einem U15-Länderspiel wurden schließlich auch die Scouts von Red Bull Salzburg auf den hochtalentierten Teenager mit dem feinen Fuß aufmerksam. Da er erst 15 Jahre alt war, erlaubten die Regeln noch keinen Wechsel. So trainierte er immer mal wieder in Salzburg mit, erhielt Betreuung aus der Ferne und verließ seine Heimat, als er 16 Jahre alt war und wechselte in die Akademie nach Salzburg. Nach einem halben Jahr beim Zweitligisten FC Liefering, einem Farmteam der Salzburger, hatte er es bereits ins Training der Profis geschafft. Dort war ein gewisser Marco Rose Coach, der Szoboszlai als Typ und Fußballer formte. „Ich glaube, er hat mich als Typ gehasst", sagte Szoboszlai der „Sport-Bild". „Er hat mir gezeigt, dass ich noch kein guter Profi bin. Ich solle nicht der Letzte sein, der zum Training kommt, und nicht der Erste, der wieder geht, wenn ich gut sein möchte. Er brachte mir bei, dass es nicht reicht, wenn ich locker trainiere und nur einmal in der Woche gut bin."

Fußstapfen von Ferenc Puskas

Unter Rose lernte Szoboszlai zudem die Lektion, dass er auch Defensivarbeit verrichten muss, wenn er es an die Spitze schaffen will. Das Toptalent begriff schnell und änderte seine Haltung. Heute sagt sein früherer Salzburger und aktueller Leipziger Kollege Schlager, dass er keinen Spielmacher kenne, der auch defensiv so stark sei. Mehr Lob als dieses Kompliment von Kämpfer Schlager geht kaum.

In der Nationalmannschaft debütierte er bereits mit 18 Jahren und wurde mit 20 zum Helden, als er Ungarn in letzter Minute gegen Island zur Europameisterschaft schoss. Mit 22 nun ist er bereits Kapitän und wird mit Ferenc Puskas verglichen, der einst bei Real Madrid spielte und der größte Fußballer ist, den Ungarn je hatte. Seine Landsleute trauen Dominik zu, in diese riesigen Fußstapfen zu treten.

Um so weit zu kommen, hat Dominik Szoboszlai in seiner Kindheit und Jugend auf vieles verzichtet. Eine normale Kindheit hatte er ganz sicher nicht – Entschlossenheit und Opfer eben. Wenn er das Tattoo auf seinem Unterarm betrachtet, wird ihm das bisweilen bewusst.

@szoboszlaidominik

„Die gegnerischen Trainer kamen zu uns und sagten, dass wir spielen, als kämen wir direkt aus einem Play-Station-Spiel.“

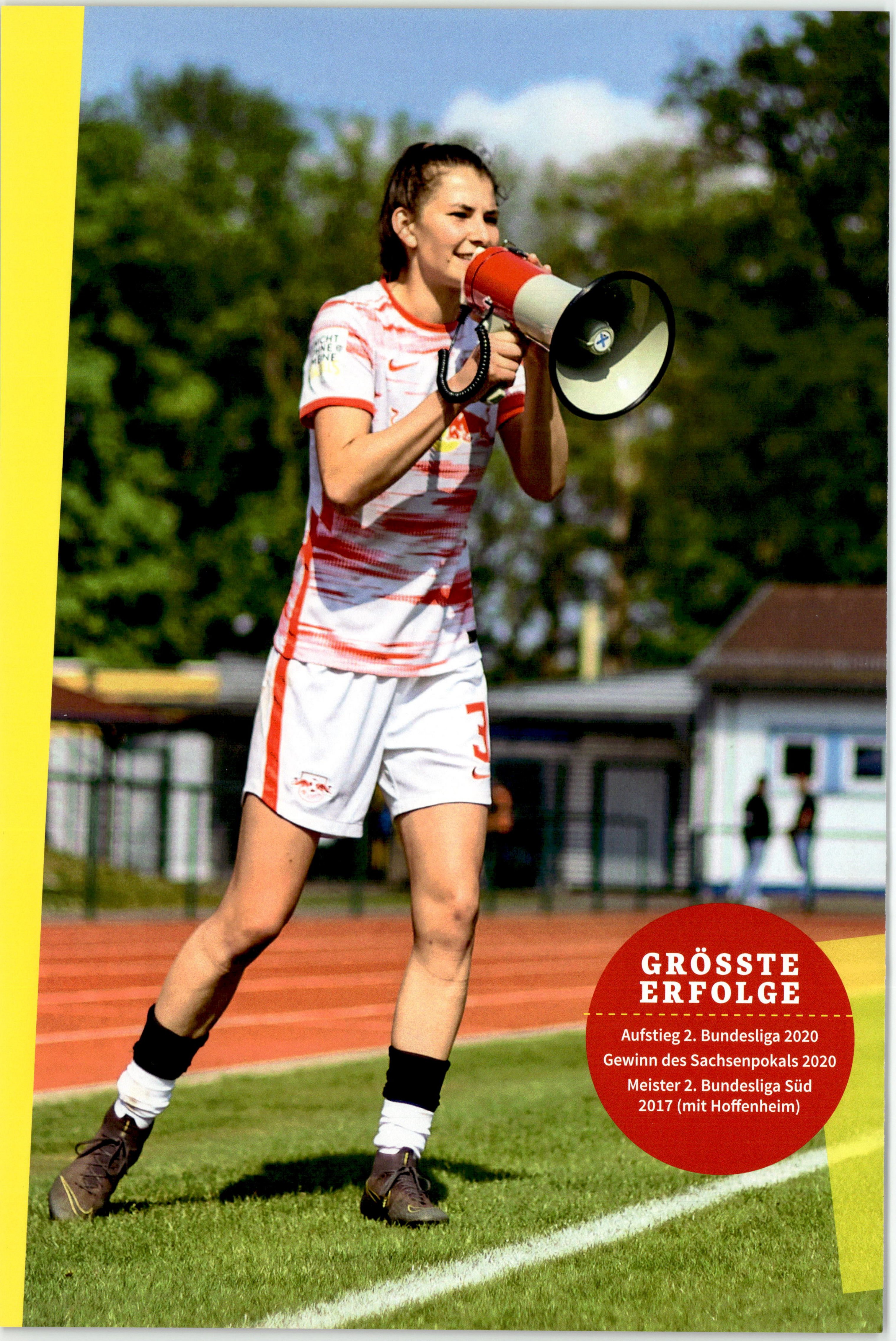

GRÖSSTE ERFOLGE

Aufstieg 2. Bundesliga 2020
Gewinn des Sachsenpokals 2020
Meister 2. Bundesliga Süd 2017 (mit Hoffenheim)

Psychologin in der Bundesliga

Auf ihrem Weg zur Spielführerin des Frauenteams von RB Leipzig erlebte Johanna Kaiser auch schwierige Phasen. Im Nachwuchs wurde sie von einer Mitspielerin gemobbt. Heute hilft sie jungen Sportlerinnen und Sportlern mit psychischen Erkrankungen.

JOHANNA KAISER

Anfänge beim SV Rotation Halle: Johanna Kaiser 2005 als Neunjährige.

Es geht in der Familie Kaiser die Legende, dass die Grundlagen für die Begeisterung und das Talent von Johanna Kaiser für Fußball schon in ihren ersten Lebenswochen gelegt wurden. Als sie genau einen Monat alt war, begann die Europameisterschaft 1996, die ihre Eltern mit der Neugeborenen auf dem Schoß vor dem Fernseher verfolgten. Während Dieter Eilts durchs Mittelfeld pflügte und Matthias Sammer die deutsche Elf zum Titel dirigierte, schwang das Beinchen der kleinen Johanna schon eifrig mit, so wird es sich heute erzählt.

Knapp 27 Jahre später ist die Defensivspezialistin nicht nur Kapitänin, Anführerin und Sprachrohr des Frauen-Teams von RB Leipzig, das kurz vor dem Aufstieg in die 1. Liga steht. Als wissenschaftliche Mitarbeiterin der Universität Leipzig arbeitet sie gleichzeitig auch mit jugendlichen Sportlerinnen und Sportlern, die psychische Erkrankungen wie depressive Störungen haben. „Es hilft mir in meiner Arbeit mit jungen Sportlerinnen und Sportlern extrem, dass ich genau weiß, was sie durchmachen", sagt Johanna Kaiser bei einem Treffen in der Akademie von RB Leipzig am Cottaweg. „Ich weiß, wie es ist,

2010 als U15-Nationalspielerin

weit weg von zu Hause zu sein und im Internat zu wohnen, sich auch mal durchkämpfen zu müssen, in zwei Minuten duschen und essen zu müssen, weil so wenig Zeit bleibt, sich selbst Druck und Stress zu machen und Leistungen sowohl in der Schule als auch beim Sport immer wieder bestätigen und abrufen zu müssen", erklärt die 26-Jährige. „In der Psychotherapie ist es am Allerwichtigsten, dass sich die Gesprächspartner verstanden fühlen." Und Johanna Kaiser versteht die Probleme junger Aktiver gut, weil sie selbst schwierige Phasen in ihrer Karriere meistern musste.

STECKBRIEF

GEBURTSORT: Halle (Saale)
NATIONALITÄT: deutsch
GEBURTSTAG: 8. Mai 1996
GRÖSSE: 1,75 Meter
POSITION: Abwehr
FUSS: rechts
BEI RB SEIT: 1. Juli 2019
STATUS: strahlende Spielführerin (60 Einsätze, 7 Tore)
NATIONALMANNSCHAFT: Deutschland U15 bis U19 (sechs Einsätze von 2010 bis 2014)
FRÜHERE VEREINE: SV Rotation Halle (2004 bis 2008), Hallescher FC (2007 bis 2008/Zweitspielrecht), Magdeburger FFC (2008 bis 2014), TSG 1899 Hoffenheim (bis 2019)
BESONDERHEIT: hat neben ihrer aktiven Karriere eine Laufbahn als Psychologin für Kinder und Jugendliche an der Uni Leipzig gestartet.
HOBBYS: in der Natur unterwegs sein (Wandern, Geocachen), Bouldern, Inlineskaten
LIEBLINGSESSEN: Kartoffeln mit Ei und Spinat
LIEBLINGSVEREIN ALS KIND: SV Werder Bremen

Bolzplatz statt Klettergerüst

Sie wuchs in Leipzigs Nachbarstadt Halle an der Saale auf und kickte die ersten acht Jahre ihrer Kindheit einfach nur aus Spaß mit den Jungs ihrer Nachbarschaft auf der (Spiel-)Straße und dem Pausenhof – ohne Training und Verein. „Es hat mich in der Schule immer mehr zum Bolzplatz gezogen als zum Klettergerüst", erzählt sie. „Die Jungs haben schnell gemerkt, dass ich auch ein bisschen kicken kann." Das Problem, nicht anerkannt zu werden und nicht mitspielen zu dürfen, wovon andere Mädchen dieses Alters berichten, hatte sie nie.

Dafür war es um die Jahrtausendwende in Halle gar nicht so leicht, einen Verein zu finden. Als sie mit acht Jahren einem Klub beitreten und richtig Fußball spielen wollte, schaute man sie beim Kiezverein VfL Halle 96 ganz erstaunt an. Mädchen? Nehmen wir nicht, hieß es damals. Mithilfe ihres Vaters, der bei Rotation Halle kickte, gründete sich dann dort auf ihre Initiative hin eine Mannschaft mit hohem Mädchenanteil. Damals habe es kaum reine Mädchenteams gegeben, sagt Kaiser. Für sie kein Nachteil. „Es hat mir geholfen, mit Jungs zu spielen. Das hat meine Entwicklung schneller vorangetrieben."

> **„Es hat mir geholfen, mit Jungs zu spielen. Das hat meine Entwicklung schneller vorangetrieben."**

Das liegt auch an ihrer offenen Art und natürlichen, sympathischen Autorität. „Ich war schon im Alter von zehn, elf Jahren auch in meinem Jungsteam eine Führungsspielerin, habe Verantwortung übernommen und wurde dann auch zur Kapitänin gewählt", berichtet sie. „Das war für die Jungs nie ein Problem." Seit der U13 ist Johanna Kaiser Spielführerin – im Verein, in der Landesauswahl und nun auch bei RB Leipzig. „Ich fühle mich einfach wohl in der Rolle", sagt sie. „Ich gehe gern voran, finde mich in dieser Position wieder."

In Hoffenheim wurde Johanna Kaiser zwar zur Bundesligaspielerin, aber glücklich wurde sie dort nicht.

Das fiel auch den Scouts in Sachsen-Anhalt auf, die der talentierten Nachwuchsspielerin mit guter Ausstrahlung auf dem Spielfeld einen Platz an der Sportschule in Magdeburg anboten. Doch in der sechsten Klasse wollte sie ihre Familie und Freunde noch nicht verlassen. „Ich wollte zunächst nicht auf die Sportschule nach Magdeburg. Aber mein Papa meinte, es schade ja nicht, beim Aufnahmetest mitzumachen, um zu wissen, wie gut man im Vergleich zu den anderen Mädchen aus Sachsen-Anhalt ist", erinnert sie sich. Trotz bestandener Aufnahmeprüfung sagte sie zunächst in Magdeburg ab und blieb in Halle. Doch auch weil sie sich in ihrer Klasse nicht mehr wohlfühlte und die Ausbildung am Sportinternat lockte, fragte sie ein halbes Jahr später nach, ob sie doch noch wechseln dürfe. „Eigentlich gab es gar keinen Internatsplatz in Magdeburg mehr, aber weil sie mich unbedingt haben wollten, wurde ich doch noch aufgenommen", sagt sie. Ein Glücksfall und entscheidender Wendepunkt in ihrer Laufbahn. So verließ sie zur 7. Klasse mit zwölf Jahren ihr Elternhaus und zog ins Internat in die Landeshauptstadt, wo sich der Landesstützpunkt für Mädchen- und Frauenfußball befindet.

„Es braucht viel Disziplin und den Willen, an sich zu arbeiten."

Mit viel Fleiß und Ehrgeiz spielte sie sich durch die Altersklassen und war bereit, für den wachsenden Traum vom Bundesliga-Fußball viel zu geben. „Meine größte Baustelle war schon immer meine Schnelligkeit, das hat man mir schon mit zwölf Jahren gesagt", berichtet Johanna Kaiser. Also absolvierte sie zwei zusätzliche Trainingseinheiten pro Woche. „Es braucht viel Disziplin und den Willen, an sich zu arbeiten", sagt sie. „Es fliegt einem eben nicht alles zu und läuft von allein. Mir wurde beim DFB gesagt: Wenn du in der Auswahl und in der Bundesliga spielen willst, musst du in deinem Team diejenige sein, die am meisten trainiert und bereit ist, zusätzlich Zeit zu investieren.“ Das tat sie, gehörte auch überregional zu den Besten und wurde für Spiele der Nachwuchs-Nationalmannschaften nominiert.

Mobbing durch eine Mitspielerin

Doch es gab auch schwierige Phasen, in denen Johanna Kaiser nach den Wochenenden bei ihrer Familie in Halle am liebsten gar nicht mehr nach Magdeburg ins Internat zurückgekehrt wäre. „Ich hatte eine Mitspielerin, die gar nicht damit klargekommen ist, wenn jemand besser war als sie“, berichtet sie. „Das ging irgendwann mir und ein, zwei anderen Spielerinnen gegenüber in Richtung Mobbing.“ In der ohnehin anstrengenden Situation mit Leistungssport und Gymnasium eine immense psychische Zusatzbelastung. „Das war definitiv nicht leicht“, sagt sie. „Aber ich habe gelernt, da drüberzustehen, weil ich gemerkt habe, dass der Großteil des Teams und die Trainer hinter mir stehen.“ Johanna Kaiser ließ sich auch nicht von Gegnerinnen im eigenen Team von ihrem Weg abbringen und absolvierte mit 17 Jahren bereits Zweitligaspiele mit dem Magdeburger FFC. Nach dem Abitur wagte sie den Schritt zu Erstligist Hoffenheim: „Ich habe nach dem Abi gedacht: Ich habe so viel investiert, habe sechs Jahre nicht zu Hause gewohnt. Jetzt will ich auch das Maximum herausholen. Ich kann und will noch mehr.“

Gefragte Gesprächspartnerin: Johanna Kaiser mit Stadionsprecher Tim Thoelke im Leipziger Stadion.

Doch ähnlich wie ihr Namensvetter Dominik Kaiser, mit dem sie nicht verwandt ist, kam sie im Bundesliga-Team der TSG nie so richtig an, absolvierte neun Erstligaeinsätze und spielte vor allem für die zweite Mannschaft. Sie habe in Hoffenheim zunächst „knapp ein Jahr gebraucht, bis ich einigermaßen angekommen war. Die Mentalität war eine ganz andere als die, die ich aus Magdeburg kannte. Ich habe mich zwar irgendwann in Hoffenheim wohlgefühlt, aber ich war dort nie wirklich zu Hause. Das ist jetzt hier ganz anders“, sagt Johanna Kaiser. Nach fünf Jahren in Hoffenheim machte sie 2019 den Schritt zurück in die Regionalliga und wechselte als Führungsspielerin zurück in ihre Heimat nach Leipzig. Ohne Niederlage stieg sie mit ihrem Team gleich im ersten Jahr in die 2. Liga auf und drängt nun als Tabellenführer auf den Aufstieg ins Oberhaus. „Es ist mir bei RB Leipzig deutlich leichter gefallen, mich mit dem Verein zu identifizieren und mich wohlzufühlen, als es in Hoffenheim der Fall war“, sagt sie.

Hohe Dunkelziffer bei psychischen Erkrankungen

Dazu trägt auch bei, dass sie ihr Psychologiestudium in Leipzig beendet hat und nun als wissenschaftliche Mitarbeiterin im Bereich Kinder- und Jugendlichen-Psychologie promoviert und dann einen Doktortitel tragen darf. Sie ist dabei Teil eines Teams, das Anlaufstelle für aktive Nachwuchssportler ebenso wie für Aussteiger aus dem Leistungssport ist, die psychische Probleme haben. Fast jeder fünfte Jugendliche unter 18 leide innerhalb eines Jahres an einer psychischen Erkrankung, betont sie: „Das sind einfach so viele. Die Dunkelziffer im Leistungssport ist immens, weil psychische Störungen in der Gesellschaft und insbesondere auch im Leistungssport nach wie vor stark stigmatisiert werden. Man will nicht als schwach oder wenig belastbar wahrgenommen werden und versucht deshalb, so lange wie möglich eine Fassade aufrechtzuerhalten und auf die Zähne zu beißen. In den meisten Fällen führt das leider dazu, dass die Leistungssportkarriere frühzeitig beendet werden muss und der Leidensdruck stark ansteigt.“

„Wir wollen anfangen, offen über Themen der mentalen Gesundheit zu reden.“

Bald wieder zurück in der Bundesliga: Strategin Johanna Kaiser.

Kapitänsbinde und bald einen Doktortitel: Johanna Kaiser ist in Leipzig doppelt erfolgreich.

Oft seien Sportpsychologen für die Behandlung klinischer Störungen wie Depressionen, Angst- oder Essstörungen nicht ausreichend ausgebildet. Diese Lücke wollen Kaiser & Co. durch Beratung und Therapie von Sportlerinnen und Sportlern sowie Workshops mit Trainern, Lehrern und Eltern schließen. „Warum wird ein Kreuzbandriss sofort ärztlich behandelt, während bei einer Depression oft Monate vergehen, bis eine adäquate Behandlung erfolgen kann? Wieso werden körperliche und psychische Erkrankungen so unterschiedlich bewertet und versorgt?“, fragt sie. „Wir wollen anfangen, offen über Themen der mentalen Gesundheit zu reden, und ein Umdenken in der Gesellschaft und speziell im Leistungssport erreichen.“

Doppelbelastung mit Leistungssport und Beruf

Wenn Johanna Kaiser mit leuchtenden Augen erzählt, ist zu spüren, dass sie ihr berufliches Thema trotz der Doppelbelastung mit Leistungssport und Job genauso leidenschaftlich und engagiert angeht wie die Aufstiegsmission mit RB und ihren Traum vom professionellen Fußball. Vom Mädchen, das immer mit den Jungs kickte und im Verein weggeschickt wurde, weil nur Jungs aufgenommen wurden, bis zur Spielführerin beim kommenden Bundesligisten RBL hat es die durchsetzungsstarke, kopfball- und zweikampfstarke Abwehrspielerin weit gebracht. Nicht ausgeschlossen, dass an der Legende in der Familie Kaiser doch etwas dran ist, dass sie die Tugenden der 1996er-Europameister bereits als Baby aufgesogen hat.

LEIPZIG
3
FI

„Es ist mir bei RB Leipzig deutlich leichter gefallen, mich mit dem Verein zu identifizieren und mich wohlzufühlen, als es in Hoffenheim der Fall war.“

GRÖSSTE ERFOLGE

Confed-Cup-Sieger 2017 mit Deutschland

Champions-League-, UEFA-Supercup-Sieger und Klubweltmeister 2021 mit Chelsea

Vizemeister mit RB 2016/17

Deutscher B-Jugendmeister Süd/Südwest 2011 mit Stuttgart

Der Sprinter im Weinberg

RB Leipzigs Torjäger hat seinem Vater viel zu verdanken. „Er war der Hauptgrund dafür, dass meine Karriere einen solchen Verlauf nahm“, sagt Timo Werner.

TIMO WERNER

September 2005: Mannschaftsfoto mit dem Jugendteam: Timo Werner steht in der oberen Reihe, er ist der 3. von links.

Die Weinberge nahe des beschaulichen Stuttgarter Stadtteils Münster ragen steil über dem Ufer des Neckars empor. Hier reift ein ausgezeichneter Wein. Und hier wurde auch der junge Timo Werner veredelt. Wenn Werners Vater seine Kreisliga-Mannschaft vom TSV Steinhaldenfeld Kondition bolzen ließ, ließ der frühere Zweitligaspieler und langjährige Trainer die Freizeitkicker schonmal die Weinberge auf und ab laufen. Und sein Sohn rannte mit. „Er hat mich das gleiche Training machen lassen wie seine 30-jährigen Spieler", berichtet Timo Werner. „Das war aber nie Zwang, sondern ich hatte Spaß daran. Ich habe ihn gefragt: ‚Wenn die die Weinberge hochrennen, warum darf ich das dann nicht auch?' Dann hat er mich mal mitgenommen und von diesem Zeitpunkt an war das mein Berg, an dem ich auch immer trainiert habe, wenn ich mal nicht richtig fit war und Ausdauer brauchte." So wurde der Hang sein ganz persönlicher Weinberg der Leiden. Doch für seinen Traum, Bundesliga- und Nationalstürmer zu werden, war Timo Werner eben auch bereit, sich an den Steillagen im Stuttgarter Nordosten zu quälen.

Raus aus dem Tor: „Mein Vater wollte, dass ich Stürmer werde"

Schon im Kindergartenalter entwickelte sich bei Werner eine große Faszination für den Fußball. Immer wenn sein Vater Günther Schuh mit seinem Team auf dem Platz war, war Timo mit dabei. „Das war nicht die höchste Spielklasse, in der er trainiert hat, aber es war mit drei, vier Jahren immer aufregend", erzählt er. „So bin ich zum Fußball gekommen, war jeden Tag dabei und habe mitgekickt."Schuh hatte einst selbst recht hochklassig als Stürmer gespielt, unter anderem für die Stuttgarters Kickers in der zweiten Liga. Und offenbar erkannte er früh das Talent seines Sohnes. „Er war der Hauptgrund dafür, dass meine Karriere einen solchen Verlauf nahm", erzählt Werner. Das Talent hätte sich auch vorstellen können, Torwart zu werden. Doch sein Vater „wollte immer, dass ich Stürmer werde" und beorderte ihn wieder aus dem Tor heraus.

STECKBRIEF

GEBURTSORT: Stuttgart
NATIONALITÄT: deutsch
GEBURTSTAG: 6. März 1996
GRÖSSE: 1,80 Meter
POSITION: Stürmer
FUSS: rechts/beidfüßig
BEI RB SEIT: 9. August 2022 (erstes Engagement: 1. Juli 2016)
STATUS: Erster Rückkehrer bei RB, muss sich die uneingeschränkte Liebe der Fans nach seiner Rückkehr erst wieder erarbeiten (186 Einsätze, 108 Tore)
NATIONALMANNSCHAFT: Deutschland (55 Einsätze, 24 Tore)
FRÜHERE VEREINE: TSV Steinhaldenfeld (bis 2002), VfB Stuttgart (bis 2016), RB Leipzig (bis 2020), FC Chelsea (bis 2022)
BESONDERHEIT: verteilte bei seinem ersten Abschied von RB 2020 an jeden engeren Mitarbeiter Geschenke. Der damalige Trainer Julian Nagelsmann bekam einen Motorradhelm.
HOBBYS: sammelt Sneaker
LIEBLINGSESSEN: Döner (als Belohnung nach gelungenen Spielen)
LIEBLINGSVEREIN ALS KIND: VfB Stuttgart

Günther Schuh, der bereits 55 Jahre alt war, als sein Sohn geboren wurde, nahm sich viel Zeit für dessen Ausbildung. „Er hat mit mir in frühester Jugend all die Dinge trainiert, die für einen Stürmer wichtig sind", erzählt Werner. „Wenn man zum Beispiel so früh lernt, mit links zu schießen, wenn man Rechtsfüßer ist, ist das ein Pluspunkt, der mir bis heute hilft."

An Sonntagen oder anderen freien Tagen, so berichtet es Werner, ging er mit seinem Vater auf den Fußballplatz und übte das Toreschießen. „Er hat mir die Bälle zugespielt und ich habe den Ball einfach immer wieder aufs leere Tor geschossen. So habe ich auf Dauer Kraft im linken Fuß bekommen und Zielgenauigkeit mit links gelernt", erklärt er.

2012: Timo Werner jubelt mit Thomas Mayer über den Sieg im Halbfinale der U17-Bundesliga gegen den 1. FC Nürnberg. Das Finale geht dann gegen Hertha BSC verloren.

Erfolgreicher Talentetag

Nach einem Jahr beim TSV Steinhaldenfeld setzte Schuh seinen Sohn am 1. Mai 2002 ins Auto und fuhr mit ihm zum Talentetag des VfB Stuttgart. Es gab für jeden Teilnehmer eine Bratwurst und ein Getränk gratis. Am Ende des Tages wurde der sechs Jahre alte Timo Werner unter Hunderten Teilnehmern von den Trainern des VfB ausgewählt, für seinen damaligen Lieblingsklub zu spielen.

Scheinbar mühelos kletterte er von Altersklasse zu Altersklasse nach oben und entwickelte eine Neugier danach, wo seine Grenzen sind. „Es war normal, dass jedes Jahr etwas Neues dazugekommen ist: neues Training, neue Trainer und Mitspieler. Je höher man kam, desto mehr wurde es ein Wettkampf, um einen Startelfplatz, um immer weiterzukommen. Mir hat das immer Spaß gemacht, um auszuloten: Wie gut bin ich wirklich?", erinnert sich Werner.

März 2017, Länderspieldebüt und Eintrag in die Geschichtsbücher: Als Jogi Löw ihn für das Spiel gegen England in Dortmund nominiert, ist klar, dass Timo Werner der erste deutsche Nationalspieler von RB Leipzig ist.

Das Umfeld beim VfB, damals beste Kaderschmiede des Landes, war perfekt für ihn. „Ich hatte schon in frühester Jugend sehr, sehr gute Mitspieler, war mit Serge Gnabry, Joshua Kimmich, Rani Khedira und anderen, die heute auch Bundesliga, Champions League und Nationalmannschaft mit mir spielen, im Team. Dieses hohe Niveau um mich herum war wichtig für meine Entwicklung", betont Timo Werner. Natürlich prägte ihn auch das hohe Level der Gegenspieler aus dem Südwesten Deutschlands wie Niklas Süle und Kevin Akpoguma, mit denen Werner heute noch in der Bundesliga die Klingen kreuzt. „Es ist cool, dass man so viele in der Bundesliga wiedersieht", sagt er. „Man sieht daran aber auch, wie schwer es gegen diese Klasse-Verteidiger damals schon war." Werner kämpfte sich durch – auf dem Feld, am Steilhang der Weinberge und in der Schule. „Fußball und Schule unter einen Hut zu bringen, war nicht immer einfach. Das Abitur zu machen und nicht das Training und die Karriere als Ausreden herzunehmen, war das Schwerste", bekennt er. „Aber ich habe mich durchgebissen."

„Fußball und Schule unter einen Hut zu bringen, war nicht immer einfach."

Zeit, um sich darüber Gedanken zu machen, ob er es wirklich als Profi schaffen könnte, blieb kaum. „Als es dann Richtung U16/U17 ging, ich immer ein, zwei Jahrgänge über meinem gespielt und meine Tore gemacht habe, habe ich schon

Champions League 2022/23: Timo Werner lässt Leipzig jubeln. Hier trifft er zum 3:1 gegen Real Madrid (Endstand: 3:2), RBL kommt als Zweitplatzierter nur knapp hinter Real weiter ins Achtelfinale.

damit gerechnet, dass es Richtung Profis gehen kann", sagt er. Mit 17 Jahren debütierte er bereits bei der ersten Mannschaft des VfB und brach alle Altersrekorde. Doch trotz dieses Bilderbuchstarts in die Laufbahn als Berufsfußballer gibt Werner zu bedenken: „Es ist nicht so einfach, Profi zu werden. Von den Hunderttausenden Kindern und Jugendlichen, die davon träumen, schafft das letztlich nur eine verschwindend geringe Prozentzahl. Es gehören viele Faktoren dazu: Jeder Jugendtrainer muss von einem überzeugt sein, man darf keinen Leistungsknick haben, muss gesund bleiben und alles mit der Schule in Einklang bringen." Bei Timo Werner kam all das zusammen.

Neben dem Gefühl für den richtigen Moment des Antritts, wenn er in Richtung des gegnerischen Strafraums auf die Reise geschickt wird, hatte er auch stets ein gutes Händchen dafür, wann es Zeit für Veränderungen ist. Als er nach 14 Jahren beim VfB stagnierte, entschied er sich für den Wechsel zu RB Leipzig, wo sein Können regelrecht explodierte. Er wurde zum Rekordtorjäger des Klubs und avancierte wegen seiner Schwalbe gegen Schalke zum wohl umstrittensten deutschen Stürmer. „Das ist alles in Sekundenbruchteilen passiert, es ging so schnell. Ich konnte das in dem Moment nicht kontrollieren. Aber ich würde es wirklich gern rückgängig machen", entschuldigte er sich 2017 im Gespräch mit Grundschülern für das Kinder-Magazin „Dein Spiegel". „Ich habe einen Fehler gemacht und gelernt, damit umzugehen." Eine entscheidende Erfahrung in seiner Karriere.

„Jeder Fußballer spielt besser, wenn er sich gebraucht und wohlfühlt. So geht es mir bei RB Leipzig."

Nach vier Jahren bei Rasenballsport und dem Ausflug zum FC Chelsea in die Premier League, bei dem er zwar Champions-League-Sieger, aber er nicht glücklich wurde, kehrte er als erster Spieler zu RBL zurück. „Jeder Fußballer spielt besser, wenn er sich gebraucht und wohlfühlt. So geht es mir bei RB Leipzig", erklärt Werner im Gespräch für dieses Buch. „Ich hätte es auch noch einmal woanders probieren können und hätte vielleicht dort mein Glück gefunden, aber ich war sehr zufrieden in Leipzig und bin es nun wieder. Deswegen war das für mich der richtige Schritt."

In seiner ersten Saison traf er noch nicht so regelmäßig und spielte noch nicht wieder so überzeugend, wie vor seinem Wechsel. Doch Timo Werner hat ja schon als Kind in den Weinbergen bewiesen, dass ihm auch steile Passagen nichts ausmachen.

@TimoWerner

@timowerner

RB LEIPZIG

GRÖSSTE ERFOLGE

DFB-Pokal-Sieger: 2022
Österreichischer Meister und Cupsieger: 2014, 2015
Aufstieg in die Bundesliga: 2016
Deutscher Vizemeister: 2017, 2021
3. Platz U20-WM 2009
Ungarns Fußballer des Jahres: 2018, 2019

Die geschenkten Handschuhe

RB Leipzigs Torhüter und Kapitän verließ mit 17 Jahren seine Heimat Budapest, um Profi beim FC Liverpool zu werden. Doch erst neun Jahre später startete er bei RB so richtig durch. In den Jahren bis dahin lernte er, worauf es als Keeper eigentlich ankommt: Geduld.

PÉTER GULÁCSI

Manchmal ist es von Kleinigkeiten und Zufällen abhängig, ob überhaupt und auf welcher Position ein Spieler Karriere macht. Im Falle von RB Leipzigs langjährigem Torhüter und Kapitän Péter Gulácsi war es ein großer Wunsch, den seine Eltern ihrem fußballbegeisterten Sohn erfüllten. „Ich habe meine Eltern gefragt, ob ich ein Paar Handschuhe bekommen kann", erzählt er. „So war ich der Erste in der Mannschaft, der Handschuhe hatte. Ab diesem Moment war ich immer im Tor." Der Ausgangspunkt einer großen Karriere als RB-Kapitän und ungarischer Nationaltorhüter.

Mit Weihnachtskrawatte und Schneeanzug: der kleine Péter Gulácsi in Winterstimmung.

Péter wuchs im gediegenen Budapester Viertel Csukló auf, wo es schöne Wohnhäuser mit Gärten gibt. Die Familie zog dahin, als er fünf Jahre alt war, und meldete ihren Sohn beim nahegelegenen Klub Budapesti VSC an; die Profis der „Eisenbahner" spielten damals in der 1. Liga. „Wir hatten 100 Meter vom Trainingsplatz entfernt ein Haus", erzählt er. Näher geht es kaum. Profisportler gab es zwar nicht in der Familie, aber die Gulácsis waren schon immer sportinteressiert. Seine Mutter spielte einst Basketball, seine ältere Schwester Handball. „Ich war ein aktives Kind, habe im Garten gekickt und meine Eltern und Großeltern schauten viel Fußball", sagt er.

Im Sommer 2010 trägt Gulácsi das Trikot vom FC Liverpool, es ist ein Testspiel in Mönchengladbach.

Mit 15 ins Internat

Im Verein gab es für die Kinder zwar lange keinen Rasenplatz, doch das änderte nichts daran, dass Péter Gulácsi Feuer und Flamme für Fußball war. „In den ersten Jahren haben wir immer gewechselt, wer im Tor steht und im Feld spielt", berichtet er. „Irgendwann habe ich gemerkt, dass das da hinten Spaß macht. Ich sehe das ganze Spiel." Weil er und nicht einer seiner Mitspieler Handschuhe bekam, war das Bewegungstalent nun eben fest im Tor.

Doch es zeichnete sich immer mehr ab, dass Péter nicht nur zufällig wegen der Handschuhe im Kasten stand. Vielmehr hatte er auch die Statur sowie die nötige Ruhe und Konzentration für die Position. Um voranzukommen, war es nötig, den so nahe am Wohnhaus gelegenen Heimatverein zu verlassen, der inzwischen wegen finanzieller Probleme schon lange nicht mehr in der 1. Liga spielte. „Ich war ein talentierter Torhüter. Als ich 13 war, haben wir mit meinen Eltern die Entscheidung getroffen, dass ich zu einem großen Verein wechseln sollte, wenn ich ambitioniert weiterspielen möchte“, erzählt er.

„Irgendwann habe ich gemerkt, dass das da hinten Spaß macht. Ich sehe das ganze Spiel.“

Also wechselte Péter zur U14 von MTK Budapest, dem hinter Ferencváros zweiterfolgreichsten Klub in Ungarn. Die Blau-Weißen versammelten damals die talentiertesten Nachwuchsspieler aus der ungarischen Hauptstadt und des Umlandes. „Das hat mir extrem weitergeholfen“, betont Gulácsi. Mit seinem starken Nachwuchsteam wurde er viermal in Folge in jeder Altersklasse Meister. MTK war auch der erste Budapester Klub, der in Agárd eine Akademie für den Nachwuchs vor den Toren der Stadt errichtete. Im Alter zwischen 15 bis 17 fuhr er also jeden Montag mit dem Bus eine Stunde zur Akademie, lebte, lernte und trainierte dort im Internat, absolvierte samstags sein Punktspiel und verbrachte dann das restliche Wochenende zu Hause. „Das war ein guter Zwischenschritt, das Elternhaus zu verlassen. Das hat mich vorbereitet“, sagt Gulácsi.

Meisterfeier in Salzburg: Im Mai 2015 feiert Péter Gulácsi mit seinen späteren Leipziger Teamkollegen Marcel Sabitzer und Stefan Ilsanker die österreichische Meisterschaft.

Denn viel schneller, als er dachte, hatte er die Gelegenheit, nicht nur sein Elternhaus zu verlassen, sondern auch gleich das Land. Weil Péter so gut war, dass er auch im Nachwuchsnationalteam stets eine Altersklasse übersprang, wurde einer der berühmtesten Klubs der Welt auf den Youngster aufmerksam. Der große FC Liverpool wollte Gulácsi haben. Wegen einer Kooperation zwischen Liverpool und MTK war der Kontakt zustande gekommen. „Ich glaube, Liverpool hat mich beim Nationalteam gescoutet", sagt er.

STECKBRIEF

GEBURTSORT: Budapest
NATIONALITÄT: ungarisch
GEBURTSTAG: 6. Mai 1990
GRÖSSE: 1,91 Meter
POSITION: Torwart
FUSS: rechts
BEI RB SEIT: 1. Juli 2015
STATUS: Kapitän, Ruhepol, Mr. Zuverlässig (286 Einsätze)
NATIONALMANNSCHAFT: Ungarn (51 Einsätze)
FRÜHERE VEREINE: Budapester VSC (bis 2003), MTK Budapest (bis 2007), FC Liverpool (bis 2013), (Leihen: Hereford United: 2009, Tranmere Rovers: 2010, Hull City: 2011/12), Red Bull Salzburg (ab 2013), RB Leipzig (ab 2015)
BESONDERHEIT: Gulácsi trägt auf den Schienbeinschonern u. a. den Namen seiner Frau sowie von seinen Hunden und Katzen und die Geburtsdaten seiner Eltern und seiner Schwester. Küsst diese vor jedem Spiel.
ENGAGEMENT: spendet seine Prämien für Frühchenstationen in ungarischen Krankenhäusern; kümmert sich zudem mit seiner Frau Diana um Straßenhunde in Ungarn.
LIEBLINGSESSEN: Burrito
LIEBLINGSVEREIN ALS KIND: FC Arsenal

Die Gastfamilie gibt Halt

Um zu untermauern, dass Liverpool ihn wirklich haben wollte, bekam Gulácsi ein Paar Torwarthandschuhe geschenkt – so wie damals von seinen Eltern. Nur diesmal waren es nicht irgendwelche, sondern die von Liverpools langjährigem Stammkeeper Pepe Reina, der damals zu den besten Torhütern der Welt gehörte und später sein Freund werden sollte.

Nach einem mehrtägigen Probetraining mit der zweiten Mannschaft wartete Gulácsi etwa eine Woche auf den entscheidenden Anruf. Die „Reds" sagten tatsächlich zu und liehen Gulácsi zunächst für ein Jahr aus – mit einer Option für zwei weitere Jahre. „Ein Riesenschritt für mich", wie er heute sagt. Das gerade 17 Jahre alt gewordene Talent musste hektisch innerhalb eines Tages seine Sachen zusammenpacken. Seine Eltern unterbrachen extra ihren Sommerurlaub, um ihrem Sohn zu helfen und ihn aus Budapest gen Liverpool zu verabschieden.

„Der Schritt, ganz ins Ausland zu wechseln und ohne Familie zu sein, war mit 17 schon hart", berichtet Péter. Plötzlich lebte er 2000 Kilometer entfernt von Freunden, Familie und dem gewohnten Umfeld. Gulácsis Glück war, dass er im ersten Jahr in Liverpool bei einer Gastfamilie leben durfte. Herzliche Leute, die im Herzen der Stadt wohnten und deren Kinder schon aus dem Haus waren. „Das war eine super Entscheidung – neue Stadt, neues Umfeld, neuer Verein und eine große Herausforderung. Da eine Familie zu haben, war sehr hilfreich für mich", betont er. „Seitdem haben wir bis zum heutigen Tag Kontakt gehalten."

Tägliches Training mit Steven Gerrard und Xabi Alonso

Nach dem ersten schweren Jahr rückte der talentierte Junge aus Ungarn mit den rotblonden Haaren als dritter Torwart in die erste Mannschaft in der Premier League auf und lernte jeden Tag im Training von Torwarttrainer Xavi Valero, Keeperkollege Pepe Reina und den anderen

Auch in der Nationalmannschaft die Nummer eins: Péter Gulácsi im Tor der Ungarn während eines WM-Qualifikationsspiels gegen England im Oktober 2021. Hier wehrt er einen Ball vor Harry Kane ab.

Liverpooler Stars. Als die nach dem Training regelmäßig aufs Tor schossen, stand Gulácsi im Kasten, um sich gegen sie zu beweisen. „Wenn man ab 18 jeden Tag mit Steven Gerrard, Fernando Torres und Xabi Alonso trainiert, lernt man von dieser extremen Qualität. Durch die Spielgeschwindigkeit, die diese Stars im Training gezeigt haben, konnte ich mich optimal entwickeln", berichtete er mal der „Mitteldeutschen Zeitung".

Zwar absolvierte er für die erste Mannschaft des FC Liverpool nie ein Spiel und verließ den Klub, zwei Jahre bevor Erfolgstrainer Jürgen Klopp dort anheuerte. Doch er sammelte Spielpraxis in der 3. und 2. englischen Liga, als er dreimal verliehen wurde, durfte Fehler machen und lernte, sich jenseits der schillernden Liverpooler Welt durchzusetzen.

Péter Gulácsi mit seiner Frau Diana im August 2022.

Als er bereits 23 Jahre alt war, packte er wieder einmal seine Sachen und wechselte zu Red Bull Salzburg, um dort erstmals bei den Profis als unumstrittener, erster Torhüter Spielpraxis zu sammeln. 2015 wechselte er in die 2. Liga nach Leipzig und ließ sich auch von zwei roten Karten nicht stoppen. Wegen eines Platzverweises im österreichischen Pokalfinale war er zum Start in Leipzig für die ersten vier Pflichtspiele gesperrt und musste sich wieder hinten anstellen. Nachdem er nach dem Ende der Sperre selbst darum gebeten hatte, mit der zweiten Mannschaft von RB in der Regionalliga in Luckenwalde auflaufen zu dürfen, sah er wegen Handspiels außerhalb des Strafraums zu Beginn der zweiten Hälfte erneut Rot. „Heute kann ich darüber lachen, aber damals waren die 35 Minuten in der Kabine in Luckenwalde die schlimmsten meiner Karriere“, sagte der Schlussmann im Fachmagazin „Kicker“. „Ich habe mich ernsthaft gefragt, ob ich jetzt mit Fußball aufhören soll.“

Erste schwere Verletzung

Das tat Péter Gulácsi glücklicherweise nicht. Seit der Verletzung von Leipzigs vorheriger Torhüterlegende Fabio Coltorti im ersten Rückrundenspiel der Saison 2015/16 hütete Gulácsi das RB-Tor, wurde zu einem der besten Bundesliga-Torhüter und verpasste in den sieben Jahren bis zu seinem Kreuzbandriss gegen Celtic Glasgow keine zehn Spiele für die Leipziger. „Ich sehe jetzt gerade, da ich verletzt bin, dass es ein Riesenglück und sicher auch Professionalität war, dass ich so lange verletzungsfrei geblieben bin“, sagt er. Seine Reha, bei er monatelang an seinem Comeback schuftete, absolvierte er in Teilen auch in seiner Geburtsstadt Budapest.

„Ich habe immer an meine Fähigkeiten geglaubt, immer gut trainiert und alles gegeben.“

Seitdem er seine Heimat mit 17 verlassen hatte, um Profi zu werden, war er nicht mehr so lange zu Hause. Zeit, um auch für dieses Buch über seine Laufbahn nachzudenken. „Wenn man sich meine Karriere anschaut, ist das nicht die typisch geradlinige Bilderbuchkarriere. Ich habe erst recht spät, mit 26 Jahren, angefangen, in der Bundesliga zu spielen. Die Entscheidungen davor, nach England und Salzburg zu gehen und dann nach Leipzig in die 2. Liga zu wechseln, waren alle mutig“, sagt Péter Gulácsi. „In diesen Momenten weiß man nicht hundertprozentig, wie das ausgeht. Doch ich habe immer an meine Fähigkeiten geglaubt, immer gut trainiert und alles gegeben – egal, ob als Nummer drei in Liverpool, Nummer zwei oder als Nummer eins in Leipzig. Ich habe nie aufgegeben, das ist für mich das Entscheidende.“

November 2021: Im Champions-League-Spiel gegen die Superstar-Truppe von Paris Saint-Germain scheitert Kylian Mbappé an Gulácsi.

Torhüter müssen oft sehr viel länger als Feldspieler darauf warten, bis ihr Moment gekommen ist. Sechs Jahre waren es bei Péter Gulácsi in Liverpool. Da nicht die Nerven zu verlieren, ist die hohe Kunst. „Jeder bekommt eine Chance. Daran muss man glauben", rät Gulácsi. „Bei Liverpool habe ich meine Chance zwar nicht direkt bekommen, aber bei einem Spiel mit Liverpool hat mich Salzburg gescoutet. Wenn ich in diesem Match nicht gut gewesen wäre, hätten sie mich nicht verpflichtet. So war das auch bei Leipzig und der Nationalmannschaft. Die Chance wird kommen, aber du musst immer bereit sein, sie zu ergreifen, wenn sie sich bietet. Dieser Einsicht habe ich meine Karriere zu verdanken."

Und dass er als Erster in seiner Kindermannschaft Budapesti VSC Torwarthandschuhe geschenkt bekam.

@petergulacsi

Sein größter Erfolg: der Gewinn des DFB-Pokals 2022.

„Jeder bekommt eine Chance. Daran muss man glauben.“

NIKE

GRÖSSTE ERFOLGE

3. Platz bei der Weltmeisterschaft 2022
DFB-Pokal-Sieger: 2022
Kroatischer Meister:2020, 2021
Kroatischer Pokalsieger: 2021
Nominierung für die Kopa-Trophäe für den weltbesten U21-Fußballer: 2022 (6. Platz)

Vom Fischer und seinem Sohn

Vom Fischerssohn zum Volkshelden: Wie Joško Gvardiol als Teenager plötzlich den Durchbruch schaffte und rasend schnell zum Weltstar wurde.

JOŠKO GVARDIOL

Als Joško Gvardiol auf der großen Bühne nach vorn trat und die 80.000 kroatischen Fans auf dem zentralen Ban-Jelačić-Platz in seiner Heimatstadt Zagreb begrüßte, ging der größte Jubelschrei durch die Menge. Die kroatische Nationalmannschaft feierte kurz vor Weihnachten 2022 den sensationellen dritten Platz bei der Weltmeisterschaft in Katar mit ihren Fans – und der Verteidiger von RB Leipzig winkte mit der riesigen Bronzemedaille um den Hals selig lächelnd in die Menge. Keine Frage, der neue Star der Kroaten ist Joško Gvardiol. Und das als Abwehrspieler! Dem bei der WM erst 20 Jahre alten Verteidiger flogen während des Turniers nicht nur die Sympathien der Kroaten, sondern weltweit zu.

Dass die Feier ausgerechnet auf diesem zentralen Platz in Zagreb stattfand, hat für Gvardiol eine besondere Bedeutung. Es ist erst ein paar Jahre her, da kam er als Jugendlicher regelmäßig hierher. Nicht zum Feiern, sondern um seinem Vater Tihomir zur Hand zu gehen. Der war Fischer, fuhr jede Nacht drei Stunden bis zum Meer, kam in den Morgenstunden mit dem Fang zurück an Land und verkaufte den frischen Fisch auf dem Markt auf dem Ban-Jelačić-Platz in Zagreb. „Das machte er jeden Tag. Das war nicht leicht für ihn“, erzählt Gvardiol in seinem ersten großen Interview in Deutschland für die „Mitteldeutsche Zeitung“. „Wenn ich als Jugendspieler in der Saisonvorbereitung Zeit hatte, habe ich meinen Vater auf der Arbeit besucht und wir haben Zeit zusammen verbracht.“

Kindheit im Hochhaus

Zwar liebt er seinen Vater, doch er hasste damals Fisch, berichtete er der britischen Zeitung „Times“ lachend. „Stellen Sie sich vor, Sie sind 16 Jahre alt und es gibt zu Hause jeden Tag nur Fisch zu essen. Ich wollte etwas anderes ausprobieren.“ Doch wenn er nicht Fußballer geworden wäre, wäre es gut möglich, dass auch er Fischer und Fischverkäufer geworden wäre, sagte Joško mal. „Ich bin nicht sicher, ob ich das wirklich hätte machen wollen, aber ich bin meinem Vater damals zur Hand gegangen und habe ihn unterstützt.“

Hier in Zagreb-Srednjaci ist Gvardiol aufgewachsen.

Der Platz seines ersten Klubs: NK Trešnjevka. Hier blieb der junge Joško allerdings nur kurz, dann ging es für ihn schon in die Jugend von Dinamo Zagreb.

Oktober 2017: Gvardiol (oben neben dem Torwart) mit der kroatischen U17-Auswahl.

Joško Gvardiol als U14-Nationalspieler.

August 2017: mit Dinamo Zagreb gegen RB Salzburg.

„Bescheiden zu bleiben und an mich selbst zu glauben. Das ist das Wichtigste."

Die Anekdote zeigt ganz gut, in welch einfachen Verhältnissen der heute wohl weltweit begehrteste Verteidiger seines Jahrgangs aufwuchs – und wie rasend schnell seine Karriere Fahrt aufnahm. „Bescheiden zu bleiben und an mich selbst zu glauben. Das ist das Wichtigste", sagt er. Ein guter Kompass im Profifußball-Zirkus.

Joško wuchs mit seinen Eltern und zwei Schwestern im Zagreber Stadtteil Srednjaci auf, einem Plattenbauviertel. Die Gvardiols wohnten in einem von vier Hochhäusern mit 23 Stockwerken, die das gesamte Viertel überragten, in einer kleinen Wohnung. Seine Freunde, berichtet er, kamen immer mit zu ihm nach Hause, um vom Balkon aus über die ganze Stadt zu schauen.

Mit sechs begann er bei dem kleinen Verein NK Trešnjevka mit dem Kicken. Auch sein Vater war als Amateur ein talentierter Fußballer gewesen, aber ein gänzlich anderer Typ. „Er ist

Seine Zweikampfstärke zeichnete ihn schon bei Dinamo Zagreb aus. Hier im Zweikampf während eines Europa-League-Spiels gegen Villarreal (April 2021).

höchstens 1,70 Meter, vielleicht kleiner, und sehr dünn. Ich weiß es nicht, woher meine Gene kommen", sagt der schon in jungen Jahren bullige, 1,85 Meter große Joško lachend.

Nach nur einem Jahr wechselte er bereits als kleiner Junge zu Dinamo Zagreb, der größte und erfolgreichste Verein des Landes, der für seine ausgezeichnete Nachwuchsarbeit berühmt ist. Dort blieb er elf Jahre, bis er nach Leipzig ging, durchlief alle Altersklassen und spielte bereits mit 17 in der ersten kroatischen Liga. Dennoch sagt er: „Meine Karriere verlief nicht immer geradlinig." Mit 15, 16 Jahren saß er auf der Bank, „weil mein Trainer etwas ganz Spezielles aus mir machen wollte, da ging es nicht voran". Auf so ziemlich jeder Position wurde der Linksfuß getestet: Linksverteidiger, Stürmer, Linksaußen und Sechser. In dieser Zeit überlegte er sogar, mit dem Fußball aufzuhören. Erst sein damaliger U19-Trainer Dalibor Poldrugač fand die richtige Position für den Linksfuß: Innenverteidiger. Der Ex-Profi Poldrugač war der wichtigste Förderer des jungen Gvardiol. Dinamo habe viele gute Trainer, „die wissen, wie sie talentierte Spieler anpacken müssen", sagt Joško. „Er ist einer der Gründe, weshalb ich heute hier bin."

Durchbruch gegen Bayern München

Sein Schlüsselerlebnis hatte Gvardiol, als er mit 17 Jahren in die zweite Mannschaft von Dinamo Zagreb aufrückte. „Das war der Moment, in dem ich mich vor allem im Kopf umstellen musste. Ich spielte nicht länger mit und gegen Gleichaltrige, sondern musste mich von einem auf den anderen Tag anpassen", erinnert er sich.

So viel Selbstvertrauen, wie er heute auf dem Platz ausstrahlt, hatte Gvardiol damals noch nicht. „Als ich zum B-Team kam, war ich plötzlich der Jüngste. Das war wirklich komisch und ungewohnt, als ich zum ersten Mal in die Kabine kam, jeder schaute mich an", berichtet er.

STECKBRIEF

GEBURTSORT: Zagreb (Kroatien)
NATIONALITÄT: kroatisch
GEBURTSTAG: 23. Januar 2002
GRÖSSE: 1,85 Meter
POSITION: Innenverteidiger
FUSS: links
BEI RB SEIT: 1. Juli 2021
STATUS: bärtiges Abwehr-Juwel, hat das Zeug zu einem der besten Verteidiger der Welt (76 Einsätze, 5 Tore)
NATIONALMANNSCHAFT: Kroatien (19 Einsätze, 2 Tore)
FRÜHERE VEREINE: NK Trešnjevka (2009–2010), Dinamo Zagreb (bis 2021)
BESONDERHEIT: war schon mit 19 ein Muskelpaket, ist aber dennoch nie schwerfällig, sondern leichtfüßig und technisch und taktisch begabt wie ein Leichtgewicht
HOBBYS: alle anderen Sportarten neben Fußball
LIEBLINGSESSEN: Burek (mit Fleisch und Käse gefülltes Blätterteiggericht)
LIEBLINGSVEREIN ALS KIND: Dinamo Zagreb

Bei einem internationalen Turnier in England wurde er im Halbfinale gegen Southampton und im Finale gegen Bayern München plötzlich ins kalte Wasser geworfen – und bestand: „Ich saß zunächst auf der Bank. Doch unser zentraler Abwehrspieler bekam eine Rote Karte, sodass ich plötzlich im Halbfinale gegen Southampton und im Endspiel gegen Bayern spielte. Natürlich war mir mit 17 ein wenig bange beim Aufwärmen und in den ersten Minuten, aber danach fühlte es sich ganz normal an, wie in der U15."

Seine Jugend war mit jenem Tag vorüber, seine Karriere als Profi hatte begonnen. „Das war sicher sehr früh, aber ich will es auch nicht rückgängig machen", sagt Gvardiol im Rückblick. „Mein einziges Ziel in diesem Moment: es in die erste Mannschaft von Dinamo Zagreb zu schaffen und in der ersten Liga zu debütieren. Das habe ich nur wenige Monate später geschafft."

Kennen sich bereits aus Zagreb: Dani Olmo und Joško Gvardiol.

Damals wohnte der im Gespräch ausgesprochen sympathische, manchmal sogar etwas schüchterne und verlegene Abwehrhüne noch bei seinen Eltern und fuhr mit der Straßenbahn zum Training. Es gibt Fotos aus diesen Tagen, die ihn in seinem winzigen Zimmer im Plattenbau zeigen, in dem nicht mehr als ein Bett und ein Schreibtisch Platz hatte. An den Wänden hingen Trikots und Wimpel, auf einem Wandregal ein paar Pokale, in einem Rahmen die Titelseite der lokalen Sportzeitung SN, auf der unter einem Foto von ihm die Schlagzeile steht: „Joško Gvardiol – Dinamos Wunderkind".

Der Masterplan zum Erfolg hing bei Gvardiol im Kinderzimmer

Interessanter ist aber ein selbst gestaltetes, ebenfalls gerahmtes Plakat im A3-Format. Links oben in der Ecke steht: „Plan A" . Ein Pfeil weist zum Mittelpunkt der Mindmap, wo mit rotem Filzstift dick umrandet „USPJEH" steht, was auf Kroatisch „ERFOLG" bedeutet. Ringsherum sind die Faktoren aufgeführt, die den jungen Gvardiol zu ebendiesem Erfolg führen sollen. Dabei nennt er an erster Stelle seine Familie und Freunde, die ihm Liebe, Unterstützung und Motivation geben. Soziale Netzwerke will er maximal 20 Minuten am Tag nutzen, hat er dort festgehalten. Dazu sind die Stichworte Konsequenz und Beharrlichkeit hervorgehoben. Dafür braucht es Disziplin, hat Gvardiol herausgearbeitet, hinsichtlich Erholung und

Links: Selten verliert Gvardiol einen Zweikampf so wie hier im Halbfinale der WM 2022 gegen den späteren Weltmeister Leo Messi.

Ganz oben: Mit seinen Eltern bei der WM-Feier in Novigrad, einer Küstenstadt in Istrien.

Oben: Empfang des WM-Dritten in Zagreb im Dezember 2022.

Zweikampfstark auch in der Offensive: Hier setzt sich Gvardiol im Luftduell gegen die Abwehr von Manchester City durch – und trifft zum wichtigen 1:1 im Achtelfinale der Champions League 2022/23.

Schlaf, Ernährung und beim Training. Und den Fokus, um es eines Tages zu einem Topklub zu schaffen. Das steht ganz unten rechts auf dem Schaubild.

Das Foto gibt einen spannenden Einblick in den Kopf des damals 17-Jährigen auf dem Sprung nach ganz oben. Es zeigt, wie reflektiert der junge Joško auch mental an seinem großen Ziel gearbeitet hat, eines Tages für einen großen Verein zu spielen. Obwohl sein Aufstieg vom Nachwuchskicker auf der Bank bis zum Nationalhelden so rasend schnell ging, wusste Gvardiol auch ganz genau, wann er reif für den nächsten Schritt ist. Im Winter 2020/21 wollte RB ihn bereits ein halbes Jahr früher verpflichten als vereinbart. Doch Gvardiol lehnte ab, blieb noch ein halbes Jahr in Zagreb und folgte erst dann seinem Freund und Vorbild Dani Olmo in die Bundesliga.

Kurze Konfusion zum Start bei RB Leipzig

Die Umstellung auf die neue Liga, die neue Stadt und das neue Team war für ihn zunächst krass. „Ich wusste, dass der Unterschied zwischen der kroatischen Liga und der Bundesliga riesig ist … aber oh mein Gott! Ich bin hierher gekommen, laufe tief, lange Bälle, laufe weiter, Gegenpressing. Es war zu viel", berichtete er der „Times" von der Konfusion der ersten Wochen. Er rief seinen Kumpel Olmo an und sagte im Scherz, dass er zurück nach Zagreb wolle. Doch der lachte nur und ermutigte ihn, weiter zu trainieren. „In der Saisonvorbereitung hatten wir viele Pressingeinheiten, viele intensive Läufe, es war nicht selbstverständlich, sich daran zu gewöhnen. Auch ich brauchte eine Weile, um zu verstehen, dass das hier zum Job gehört", sagt er über seinen Wechsel-Sommer 2021 und erklärt: „In Zagreb hatten wir 90 Minuten Ballbesitz, als Verteidiger musste man nicht viel laufen. Ich war am Anfang ein wenig träge im Kopf, das war das größte Problem. Aber auch hier habe ich mich wieder recht schnell angepasst und darauf eingestellt." Und wie!

Lektion durch Lionel Messi

Gvardiol spielte trotz Trainerwechsel bei RB und schwankenden Leistungen der Mannschaft eine konstante und überragende erste Saison; von Unsicherheit war ihm trotz seiner Jugend nichts anzumerken. Doch woher kommt dieses Selbstvertrauen? „Ich habe auch schon darüber nachgedacht, aber ich weiß es nicht. Ich bin einfach so", antwortet er. „Ich habe mich bisher nie mit mentalem Training befasst. Natürlich beschäftigen mich viele Dinge – auch auf dem Platz. Wenn mich zum Beispiel jemand wütend macht, ist das nicht gut – weder für unser Team noch für das gegnerische", sagt er lachend. Doch wenn ihn einmal ein Spieler wie Erling Haaland reizt und mit den Händen wegstößt, wehrt er sich bei der nächsten Aktion – aber immer fair. Gvardiol lässt sich nichts gefallen und zeigt das auch seinen Gegenspielern. So richtig schlecht sah er eigentlich nur gegen Lionel Messi aus. Der Held seiner Jugend spielte ihm im WM-Halbfinale in Katar einen Knoten in die Beine. Doch wenn das einer darf, dann der Weltmeister und Weltfußballer, den Joško Gvardiol einst verehrte. Schließlich ist es noch gar nicht lange her, dass er in seinem kleinen Hochhaus-Kinderzimmer saß und große Pläne schmiedete. Dass er es so schnell bis ins WM-Halbfinale und zur Bronzemedaille schaffen würde, stand nicht auf dem Karriereplan.

Vielleicht ist ihm all das durch den Kopf gegangen, als er auf dem Ban-Jelačić-Platz vor Zehntausenden Fans gefeiert wurde. Dort, wo er noch vor ein paar Jahren in der Kühlkammer auf dem Markt beim Fischverkauf half. Übrigens: Auch in Novigrad, der Heimatstadt seines Vaters, der dort jeden Tag zum Fischen aufs Meer fuhr, wurde Gvardiol geehrt. Standesgemäß wurde die Familie mit einem Fischkutter zu den Feierlichkeiten transportiert.

@josko_gvardiol

32
RB LEIPZIG

GRÖSSTE ERFOLGE

DFB-Pokalsieger 2022

Aufstieg Bundesliga 2016

Schwedischer Fußballer des Jahres 2021

WM-Viertelfinale 2018

Schwedischer Meister und Supercup mit Malmö 2013, 2014

Mini-Foppa und der richtige Moment

RB Leipzigs Spielmacher hörte in seiner Jugend oft den Satz: „Emil ist zu klein, er hat nicht den Körper für Profifußball.“ Doch aus dem vermeintlichen Nachteil machte der Schwede eine Tugend und wurde der erfolgreichste der Fußballer-dynastie Forsberg.

EMIL PETER FORSBERG

Wie ist das eigentlich, wenn schon dein Vater und Großvater erfolgreiche Fußballer waren, und alle Welt erwartet, dass du es jetzt auch nach ganz oben schaffst? Davon kann RB Leipzigs Ausnahmespieler Emil Forsberg berichten, der aus einer traditionsreichen schwedischen Fußballerdynastie stammt und der erfolgreichste der Forsbergs wurde. Dabei sah das lange gar nicht danach aus.

Rechts: „Mini-Foppa": Emil Forsberg trug als Knirps schon Schwedens Nationaltrikot.

Links: 2012 im Trikot von seinem Heimatklub Sundsvall

Sein Opa Lennart war 17 Jahre jung, als er 1945 für GIF Sundsvall debütierte, der Heimatverein der Forsbergs. Die Fans gaben dem gefürchteten Linksaußen den Spitznamen „Foppa". Forsbergs Vater Leif schaffte ebenfalls mit 17 Jahren den Sprung in die erste Mannschaft und wurde zur Vereinslegende. Mit über 400 Spielen und mehr als 130 Toren ist er Rekordspieler des Klubs aus dem nordschwedischen Städtchen, der immer zwischen erster und zweiter Liga pendelt. Sein Trikot mit der Nummer 10 wird in Sundsvall nicht mehr vergeben. Als Topspieler, der hauptberuflich als Feuerwehrmann arbeitete, ist „Lill-Foppa" (kleiner Foppa), wie Leif genannt wird, noch immer ein Held in der Hafenstadt mit gut 50.000 Einwohnern.

„Ich habe als Kleinkind sogar im Ballsack geschlafen, wenn mein Vater beim Training war."

In diesem fußballverrückten Umfeld wuchs Emil auf. „Ich habe als Kleinkind sogar im Ballsack geschlafen, wenn mein Vater beim Training war. Er hat zu den jüngeren Spielern gesagt, dass sie auf mich aufpassen sollen", erinnert er sich. „Solange ich denken kann, war ich immer beim Fußball dabei. In meiner Familie ging es immer um Fußball." Ganz automatisch hatte auch Emil selbst von klein auf den Ball am Fuß, kickte im Garten hinter dem Haus und wo es sich sonst ergab. Seit er drei Jahre alt war, spielte er auch im Verein. Doch der strohblonde Junge, der als Kind so aussah, wie man sich Astrid Lindgrens Michel aus Lönneberga vorstellt, der im schwedischen Original Emil heißt, liebte auch Tennis, Eishockey und Floorball/Unihockey.

STECKBRIEF

GEBURTSORT: Sundsvall/Schweden
NATIONALITÄT: schwedisch
GEBURTSTAG: 23. Oktober 1991
GRÖSSE: 1,77 Meter
POSITION: linker Zehner, hängende Spitze
FUSS: rechts stark (beidfüßig)
BEI RB SEIT: 7. Januar 2015
STATUS: Leipziger Identifikationsfigur, Sunnyboy, ewiger Emil, neben Poulsen einziger Offensivspieler, der schon in der 2. Liga dabei war (292 Einsätze, 67 Tore)
NATIONALMANNSCHAFT: seit Januar 2014 (78 Einsätze, 19 Tore)
FRÜHERE VEREINE: GIF Sundsvall (bis 2012), Malmö FF (2013 bis 2014)
BESONDERHEIT: verbringt freie Tage in seiner Heimat auf einer kleinen Insel 20 Minuten von Sundsvall entfernt, wo die Familie Forsberg ein Haus hat
HOBBYS: Eisangeln, Spazieren in den Leipziger Parks
LIEBLINGSESSEN: cremiger Nudelauflauf mit Wurst
LIEBLINGSVEREIN ALS KIND: FC Liverpool

Bis er 17 Jahre alt war, spielte Emil ambitioniert Floorball und Fußball parallel. Von halb fünf am Nachmittag bis halb zehn abends war er täglich bei den Trainingseinheiten beider Sportarten und absolvierte so etwa zehn Trainings pro Woche. Zwischen zwei Trainingseinheiten wartete sein Vater mit etwas zu essen und einer zweiten Sporttasche mit frischen Klamotten an der Halle. An den Wochenenden fuhr Emil Forsberg zu Punktspielen beider Sportarten. „Wir sind jedes Wochenende zu Turnieren gefahren. Ich habe mich so gefreut, im Winter morgens um sieben loszufahren", schwärmt er noch heute. Die Temperaturen können in den Wintermonaten bis auf minus 30 Grad sinken und die Wege im dünn besiedelten Nordschweden sind weit. Doch das war damals Emil Forsbergs Welt.

Erfolg im Blut

Nicht nur in seiner Familie, generell trägt Sport und Spitzensport die Menschen aus Sundsvall und Umgebung. Magdalena Forsberg, die den in der Gegend gebräuchlichen Nachnamen

Große Choreo 2021 zu Ehren der Forsberg-Dynastie in Sundsvall

ebenfalls trägt, und Charlotte Kalla sind bei Olympia und Weltmeisterschaften erfolgreiche Ski-Langläuferinnen; Henrik Zetterberg gewann mit dem NHL-Klub Detroit Red Wings im Eishockey den Stanley Cup und wurde mit Schweden Olympiasieger und Weltmeister im Eishockey. Alle stammen sie wie Emil Forsberg aus der Provinz Västernorrlands län. „Wir haben anscheinend gute Gene, sind talentiert, haben es wohl im Blut, erfolgreich zu sein. Wir können es einfach", sagt Emil Forsberg lachend. So hat sich in der Region, die nur etwas über 200.000 Einwohner hat, der ausgeprägte Ehrgeiz entwickelt, es bis nach ganz oben zu schaffen.

Im Floorball auf dem Weg zum U-Nationalspieler

Im Floorball war Emil so gut, dass er auf dem Weg zum U18-Nationalspieler war. Im Fußball hingegen war lange nicht abzusehen, dass er seinen Vater und Großvater eines Tages sogar überflügeln würde. Emil wuchs einfach spät, war immer einen Kopf kleiner als seine Altersgenossen. „Ich war lange recht klein, bin erst mit 16, 17 etwas gewachsen und habe Muskeln bekommen", berichtet er. „Vorher hieß es immer: ‚Emil ist zu klein, er hat nicht den Körper für Profifußball.'" Die Trainer wussten nicht so recht, wo sie den wuseligen Spieler, der Familientradition folgend passenderweise „Mini-Foppa" genannt, aufstellen sollten. „Ich hatte keine richtige Position", sagt er.

Dass er immer noch die Alternative Floorball gehabt hätte, wenn es mit Fußball nicht geklappt hätte, half Emil. „Ich war zwar nicht schlecht, aber auch nicht außergewöhnlich gut im Fußball. Ich dachte, ich würde es nicht schaffen, Profi zu werden", berichtet Forsberg. „Ich war schon drauf und dran, mich für Floorball zu entscheiden. Aber mein Vater hat mir geraten: Im

Größter Erfolg mit der schwedischen Auswahl: das Erreichen des Viertelfinals bei der WM 2018 in Russland.

Ein typisches Forsberg-Tor: Mit brillanter Technik und Durchsetzungskraft trifft er im schwedischen Supercup 2013 für Malmö gegen Göteborg.

Fußball kriegst du nur eine Chance, nutze sie! Ich habe gedacht: Okay, machen wir so.“ Das ist für Jungs in der Pubertät zwar höchst untypisch, aber Emil Forsberg hörte in diesen Dingen auf seinen Vater: „Es war für mich immer wichtig, meinen Vater als Ratgeber dabei zu haben. Er konnte mir viel helfen“, bedankt sich Forsberg heute. Emil entwickelte eine gute Strategie, mit seinem berühmten Namen und der Erwartungshaltung umzugehen. „Ich habe selbst nie den Druck gespürt“, erzählt er. „Ich dachte mir immer: Ich bin der Emil. Ich entscheide, was ich mache. Papa hat sein Ding gemacht, ich mache mein Ding. So hat das auch mein Vater immer zu mir gesagt.“ Das half, um nicht zu verkrampfen und auf den richtigen Moment zu warten.

Mit 16 Jahren bekam Forsberg dann die Chance, bei einem zweiwöchigen Probetraining der besten Spieler aus Sundsvall und Umgebung dabei zu sein. Forsberg war nicht nur gewachsen und muskulöser geworden, sondern hatte sich zuvor auch Strategien angeeignet, seine fehlende Körpergröße wettzumachen. „Wenn das Körperliche nicht so da ist, muss man sich was anderes überlegen: Wie bewege ich den Ball, wenn ich ihn mitnehme, sodass mich keiner attackieren kann? Wie kann ich mich vor der Ballannahme orientieren? Wie führe ich Offensiv-Zweikämpfe? Ich habe auch viel mit dem linken Fuß trainiert, um beidfüßig zu werden“, erinnert sich Emil Forsberg. „Man kann viel lernen und verbessern, wenn man zu klein ist.“

„Man kann viel lernen und verbessern, wenn man zu klein ist.“

Er schob zwar keine Extraschichten im Training, nutzte aber jede Einheit auch für sich, um an seinen Schwächen zu arbeiten und sich Stärken anzueignen. Auch bei YouTube schaute er sich Technik und Tricks an. „Ich habe mir überlegt, was ich tun kann, wenn ich körperlich unterlegen bin. Nur den ersten Kontakt habe ich nie trainiert, das war bei mir von Anfang an da“, sagt er. Das nennt man wohl Talent. So machte Forsberg aus der Schwäche, zu klein zu sein, eine Stärke, indem er technisch besser und wendiger wurde als alle anderen. Er entwickelte seine

Emil Forsberg mit seiner Frau Shanga 2017

Emil Forsberg liebt große Spiele, da ist er oft am besten: 2023 gegen Bayern München.

eigene, elegante, technisch perfekte Spielweise, die ihn heute noch ausmacht, wenn er sich mit dem Ball eng am Fuß durch den Slalom der gegnerischen Abwehrbeine manövriert.

Wie unverhofft schnell Emil Forsbergs Karriere im Fußball dann plötzlich Fahrt aufnahm, zeigt folgende Anekdote: Da er bei dem Probetraining überzeugt hatte, war er 2009 als gerade 17-Jähriger plötzlich für den Zweitliga-Kader der ersten Mannschaft von GIF Sundsvall nominiert. Doch Forsberg selbst hatte damit überhaupt nicht gerechnet und für die Zeit der Saison-Vorbereitung, die in Schweden im Winter und Frühjahr stattfindet, einen großen Urlaub gebucht. „Weil ich dachte, dass ich es nicht schaffen würde, habe ich im März in der Vorbereitung mit meinem Kumpel eine Reise nach Thailand gebucht", berichtet Forsberg. Er hatte dafür viel Geld investiert und konnte die Reise unter keinen Umständen mehr absagen: „Ich musste dem Trainer also erklären, dass ich gleich zum Einstand zwei Wochen verreisen muss. Das war nicht einfach, aber er hat das akzeptiert."

Der Mann für die historischen Tore bei RB

So kam es, dass auch Emil Forsberg mit 17 Jahren für GIF Sundsvall auflief. „Die Leute haben viel geredet, dass ich nur in der A-Mannschaft spiele, weil mein Vater eine Vereinslegende ist. Aber es ist nicht so, dass ich alles geschenkt bekommen habe. Im Gegenteil: Ich habe alles selbst gemacht. Ich wollte selbst beweisen, dass ich auch ganz gut kicken kann", sagt Emil Forsberg heute. Sogar so gut, dass der damalige Zweitligaklub RB Leipzig 2015 auf ihn aufmerksam wurde und ihn im Winter von Malmö FF verpflichtete.

Forsbergs erstes Erlebnis mit RB war ein Winter-Trainingslager im erzgebirgischen Oberwiesenthal unter Trainer Alexander Zorniger. Damit hatte er in Deutschland am wenigsten gerechnet. Doch nach einem halben Jahr Eingewöhnungszeit ohne ein einziges Tor in einer damals kriselnden Leipziger Mannschaft war Emil ab der Saison 2015/16 angekommen, schaffte mit RB den Aufstieg in die Bundesliga und wurde in der ersten Erstligasaison mit dem Rekord von 22 Vorlagen ein Shootingstar der Bundesliga. Dazu erarbeitete sich der Edeltechniker den Status als Leipzigs Experte für die wichtigen, historischen Tore. Das erste Champions-League-Tor des Klubs gegen AS Monaco erzielte Forsberg ebenso wie den Treffer zur ersten Qualifikation für das Achtelfinale in der „Königsklasse“ gegen Benfica Lissabon. Auch das 500., 700. und 1000. Tor der Klubgeschichte von RB war jeweils Publikumsliebling Forsberg vorbehalten.

„Es ist wichtig, zur richtigen Zeit gut zu sein, um die Chance zu ergreifen, wenn sie kommt.“

Mit knapp 300 Partien für RB sowie rund 80 Länderspielen inklusive WM- und EM-Teilnahmen ist „Mini“-Foppa der erfolgreichste Spieler der Forsberg-Dynastie geworden. Er, von dem das die wenigsten erwartet hatten. Die Fans von GIF Sundsvall würdigten das so erfolgreiche Familientrio, das ihren Klub prägte, 2021 mit einer großen Choreografie im Stadion. „Natürlich bist du stolz wie ein Hahn, die ganze Familie ist das“, sagte Leif Forsberg dem schwedischen Portal Fotbolldirekt. „Es ist schon ein bisschen surreal, dass dieser kleine Kerl, der vor allem Angst hatte, es heute so weit geschafft hat. Wir sind sehr stolz und folgen ihm überall hin.“

Emil ist der beliebteste Jungenname in Leipzig

Forsbergs Vater Leif, der seinen kleinen Sohn einst in den Ballsack zum Schlafen legte, wenn er trainierte, rät jungen Spielern das, was er auch seinem Sohn einst geraten hat: „Es ist wichtig, zur richtigen Zeit gut zu sein, um die Chance zu ergreifen, wenn sie kommt. Man muss

In den Ferien – im Winter wie im Sommer – kommt Emil Forsberg nach Hause nach Sundsvall.

mental stark sein und zeigen, dass der Trainer falsch liegt, anstatt sich selbst Vorwürfe zu machen. Manches entwickelt sich erst später, das ist halt so, und nicht jeder muss mit 16/17 den Durchbruch schaffen, mit 20 geht das auch noch." Es kommt eben darauf an, den richtigen Moment zu erkennen.

Längst sind er und seine Frau Shanga selbst Eltern. „Mikro-Foppa" nannte er seiner Tochter Florence mal im Scherz. 2023 erwartet die Familie erneut Nachwuchs, wieder wird es ein Mädchen. „Nano-Foppa" wäre noch als Spitzname frei. Mal sehen, ob sie die Familientradition der Forsbergs fortsetzen.

@eforsberg10

@eforsberg10

„Ich war zwar nicht schlecht, aber auch nicht außergewöhnlich gut im Fußball."

QUIZ
Elf Helden –

Aufmerksam gelesen? Hier könnt ihr euer Wissen über die elf vorgestellten Spieler testen.

1 In welcher Disziplin hat Yussuf Poulsen als Kind inoffiziell einen Guinness-Rekord geknackt?

- ☐ a) Sprungfeder-Springen
- ☐ b) Diabolo-Jonglage
- ☐ c) Balancieren auf der Slackline

2 Welche Sportarten betrieb Poulsen als Kind neben Fußball?

- ☐ a) Leichtathletik und Radsport
- ☐ b) Karate und Baseball
- ☐ c) Basketball und Trampolinspringen

3 Für welchen Klub verließ Dani Olmo als 16-Jähriger überraschenderweise den FC Barcelona?

- ☐ a) Dynamo Moskau
- ☐ b) Dinamo Zagreb
- ☐ c) Dynamo Dresden

Die Antworten findet ihr auf Seite 125.

22 Fragen

4 Welcher frühere Star des FC Barcelona kommt aus der gleichen Heimatstadt wie Olmo?

- ☐ a) Messi
- ☐ b) Xavi
- ☐ c) Sergi

5 Weshalb stand Willi Orbáns Karriere in jungen Jahren auf der Kippe?

- ☐ a) Knieverletzung
- ☐ b) Mangelnder Trainingsfleiß
- ☐ c) Rotsperre

6 Gegen welchen Klub absolvierte Orbán sein erstes Bundesligaspiel?

- ☐ a) RB Leipzig
- ☐ b) 1. FC Kaiserslautern
- ☐ c) FC Bayern München

7 Mit wie viel Jahren absolvierten Emil Forsberg, sein Vater und sein Opa das erste Erstligaspiel für ihren Heimatverein GIF Sundsvall?

- ☐ a) 16 Jahre
- ☐ b) 17 Jahre
- ☐ c) 19 Jahre

8 Wo schlief der kleine Emil Forsberg, wenn sein Vater Training hatte?

- ☐ a) Im Ballsack
- ☐ b) In der Umkleidekabine
- ☐ c) Auf der Auswechselbank

9 Welches Spielzeug kannte Dominik Szoboszlai als Kind nur vom Hörensagen?

- ☐ a) Playmobil
- ☐ b) Holzbausteine
- ☐ c) Lego

10 **Wie heißt der Verein, den Szobozslais Vater extra für ihn und zwei Teamkollegen gründete?**

- ❑ a) Helios Platin FC
- ❑ b) Fönix Gold FC
- ❑ c) Hydra Silber FC

11 **Wo wuchs Joško Gvardiol auf?**

- ❑ a) Einfamilienhaus
- ❑ b) Internat
- ❑ c) Hochhaus

12 **Gegen welche Mannschaft hatte Gvardiol seinen Durchbruch in der zweiten Mannschaft von Dinamo Zagreb als 17-Jähriger?**

- ❑ a) Bayern München
- ❑ b) Borussia Dortmund
- ❑ c) FC Liverpool

13 **Von welchem Torhüter bekam Peter Gulácsi Handschuhe geschenkt, um ihn zu einem Wechsel zum FC Liverpool zu motivieren?**

- ❑ a) Edwin van der Sar
- ❑ b) Peter Schmeichel
- ❑ c) Pepe Reina

14 **Wie begann Gulácsis Zeit bei RB Leipzig 2015?**

- ❑ a) Mit sechs Spielen Sperre nach zwei Roten Karten
- ❑ b) Mit einer Kreuzbandverletzung in der Regionalliga-Mannschaft
- ❑ c) Mit einem selbst erzielten Tor gegen Darmstadt

15 **Weshalb hatte Johanna Kaiser als Teenagerin Probleme in ihrem Magdeburger Team?**

- ❑ a) Leistungsabfall
- ❑ b) Mobbing durch eine Mitspielerin
- ❑ c) Depressionen

16 **Welchen Job hatte Johanna Kaiser schon als Zwölfjährige in ihrem Team?**

- ☐ a) Kapitänin
- ☐ b) Kabinen-DJ
- ☐ c) Kassenwartin

17 **Von welcher Position musste sein Vater Timo Werner als Kind immer mal wieder zurück in den Sturm beordern?**

- ☐ a) Verteidiger
- ☐ b) Spielmacher
- ☐ c) Torhüter

18 **Was fiel Werner während seiner Nachwuchszeit am schwersten?**

- ☐ a) Sprinttraining
- ☐ b) Abitur
- ☐ c) Kontakt zu Freunden halten

19 **Welche seiner früheren Trainer traf Dominik Kaiser später bei RB Leipzig wieder?**

- ☐ a) Alexander Zorniger und Ralf Rangnick
- ☐ b) Peter Pacult und Achim Beierlorzer
- ☐ c) Ralph Hasenhüttl und Julian Nagelsmann

20 **Gegen welchen Verein schoss „Domme“ Kaiser das erste Bundesliga-Tor von RB Leipzig überhaupt?**

- ☐ a) VfB Stuttgart
- ☐ b) Borussia Dortmund
- ☐ c) TSG 1899 Hoffenheim

21 **Wie heißt der Amateurklub, bei dem Mohamed Simakan als Jugendlicher den Spaß am Fußball wiedergefunden hat?**

- ☐ a) SC Air Bel
- ☐ b) FC Beverly Hills
- ☐ c) CF St. Tropez

22 **Wie viele Tore erzielte Simakan mit neun Jahren in einer Saison?**

- ☐ a) 90
- ☐ b) 110
- ☐ c) 130

VON VOGEL BIS ROSE

Elf Trainer

Trainer von RB Leipzig ist kein Job für die Ewigkeit: Elf Trainer in 14 Jahren hat der Klub schon gehabt. Oft waren die Erwartungen für langfristige Engagements zu groß. Vielleicht ändert sich das gerade mit Marco Rose …

Tino Vogel (2009/10): Der erste Coach von RB Leipzig wurde kurzerhand von der Oberliga-Mannschaft des SSV Markranstädt übernommen, aus der sich RB gründete. Vogel hatte das Problem, Feierabend-Kicker und Profis wie Ex-Nationalspieler Ingo Hertzsch zu einem Team zusammenschweißen zu müssen. RB stieg mit 22 Punkten Vorsprung auf, überzeugte jedoch spielerisch nicht immer – und Vogel wurde am Tag nach der Aufstiegsparty entlassen.

Tino Vogel

Alexander Zorniger

Tomas Oral (2010/11): Der junge Tomas Oral kam mit viel Elan vom FSV Frankfurt nach Leipzig. Doch der Schwung und manchmal übertriebene Ehrgeiz des Energiebündels übertrug sich nicht aufs Team. Die Kluft zwischen gestandenen Spielern und den aufstrebenden, aber noch unerfahrenen Kickern wie Daniel Frahn, Stefan Kutschke und Carsten Kammlott war zu groß. RB verpasste den Aufstieg mit 18 Punkten Rückstand auf den Chemnitzer FC, wurde aber erstmals Sachsen-Pokalsieger.

Peter Pacult (2011/12): Auch der grantelige Österreicher schaffte den Aufstieg in die 3. Liga nicht. Es fehlte an einer klaren Spielidee und einer echten Vision – spielerisch, taktisch, personell. RB verpasste es, gegen die kleinen Teams wie den ZFC Meuselwitz konstant zu gewinnen. Am Ende blieb nur Platz drei mit vier Punkten Rückstand auf den Halleschen FC. Pacult wurde von Red-Bull-Gründer Dietrich Mateschitz persönlich per Anruf entlassen.

Alexander Zorniger (2012 – 02/2015): Als Sportdirektor Ralf Rangnick im Sommer 2012 übernahm, läutete er eine neue Zeitrechnung ein und brachte dafür Alex Zorniger von der SG Sonnenhof Großaspach mit. Zorniger ließ kompromisslosen Pressingfußball spielen, drehte das Team komplett auf links und schuf mit Spielern wie Dominik Kaiser eine Einheit in der Mannschaft, wie es sie wohl nie wieder bei RB gab. Das war Grundstein der ersehnten Aufstiege 2013 und 2014 bis in die 2. Liga.

Achim Beierlorzer **(Interimstrainer 02/2015 – 06/2015 und 12/2021):** Der Franke Achim Beierlorzer, eigentlich Oberstudienrat, sprang gleich zweimal ein, um bei RB Trainerwechsel zu überbrücken. Beim zweiten Mal schlug sein Team Pep Guardiolas ManCity in der Champions League (und zuvor als Corona-Vertretung auch den FC Brügge). Beierlorzer geht als einziger Trainer in die RB-Geschichte ein, der in der „Königsklasse" ohne Punktverlust ist.

Ralf Rangnick **(2015/16 und 2018/19):** Weil RB nach zwei enttäuschenden Spielzeiten jeweils keinen Trainer fand, der das Spiel besser erklären konnte als Rangnick selbst, machte der Sportdirektor Rangnick das Original gleich zweimal zum Trainer – also sich selbst. Mit Erfolg: 2016 führte er RB in die Bundesliga und 2019 souverän in die Champions League und ins DFB-Pokalfinale. Ein Titel blieb dem Klub-Baumeister und Visionär allerdings versagt.

Ralf Rangnick

Ralph Hasenhüttl

Ralph Hasenhüttl **(2016/17 bis 05/2018):** Der emotionale Österreicher entfesselte RB in der ersten Bundesligasaison und führte den Klub direkt auf Rang zwei. In der zweiten Saison legte Hasenhüttl den Fokus zu sehr auf Ballbesitz und nach Rangnicks Geschmack zu wenig auf den Pressing-Gegenpressing-Konterfußball. Nach zwei Jahren ging er in die Premier League zum FC Southampton.

Julian Nagelsmann **(2019 – 06/2021):** Der begehrteste Trainer-Jungstar Europas entschied sich, Nachfolger von Ralf Rangnick zu werden. Ein krasser Cut für die Mannschaft, die eine Saison lang brauchte, sich an Nagelsmanns Ideen zu gewöhnen. Im Sommer 2020 platzte der Knoten und RB erreichte in Lissabon unter Nagelsmann den größten internationalen Erfolg: das Halbfinale in der Champions League. Zum „Gipfelkreuz“, also einem Titel, führte der ultra-selbstbewusste Nagelsmann die Spieler aber nicht, sondern ging lieber vorzeitig zum FC Bayern.

Jesse Marsch **(07/2021 – 12/21):** Der schnell verpflichtete US-Amerikaner und RB Leipzig – das war von Beginn an ein Missverständnis. Marsch fühlte schnell, dass er nicht zur Mannschaft passt und das Team nicht zu ihm. Ergebnis war die kürzeste Amtszeit aller Coaches (Interimstrainer Beierlorzer ausgenommen).

Domenico Tedesco

Marco Rose

Domenico Tedesco **(12/2021 – 10/22):** Von Rang elf kletterte RB unter Tedesco auf die Champions-League-Plätze, ins Europa-League-Halbfinale und zum größten Erfolg der Klubgeschichte: dem Pokalsieg 2022. Dann allerdings verzettelte sich der Trainer mit zu statischem Ballbesitzfußball und war rasch Geschichte.

Marco Rose **(ab 10/22):** Mitten in der Saison übernahm Rose den Trainerposten, implementierte in Windeseile die perfekte spielerische Mischung aus Arbeit gegen den und Spiel mit dem Ball. 18 Spiele ohne Niederlage schaffte auf diesem Niveau vor ihm nur Rangnick. Der gebürtige Leipziger will in seiner Heimatstadt langfristig etwas aufbauen.

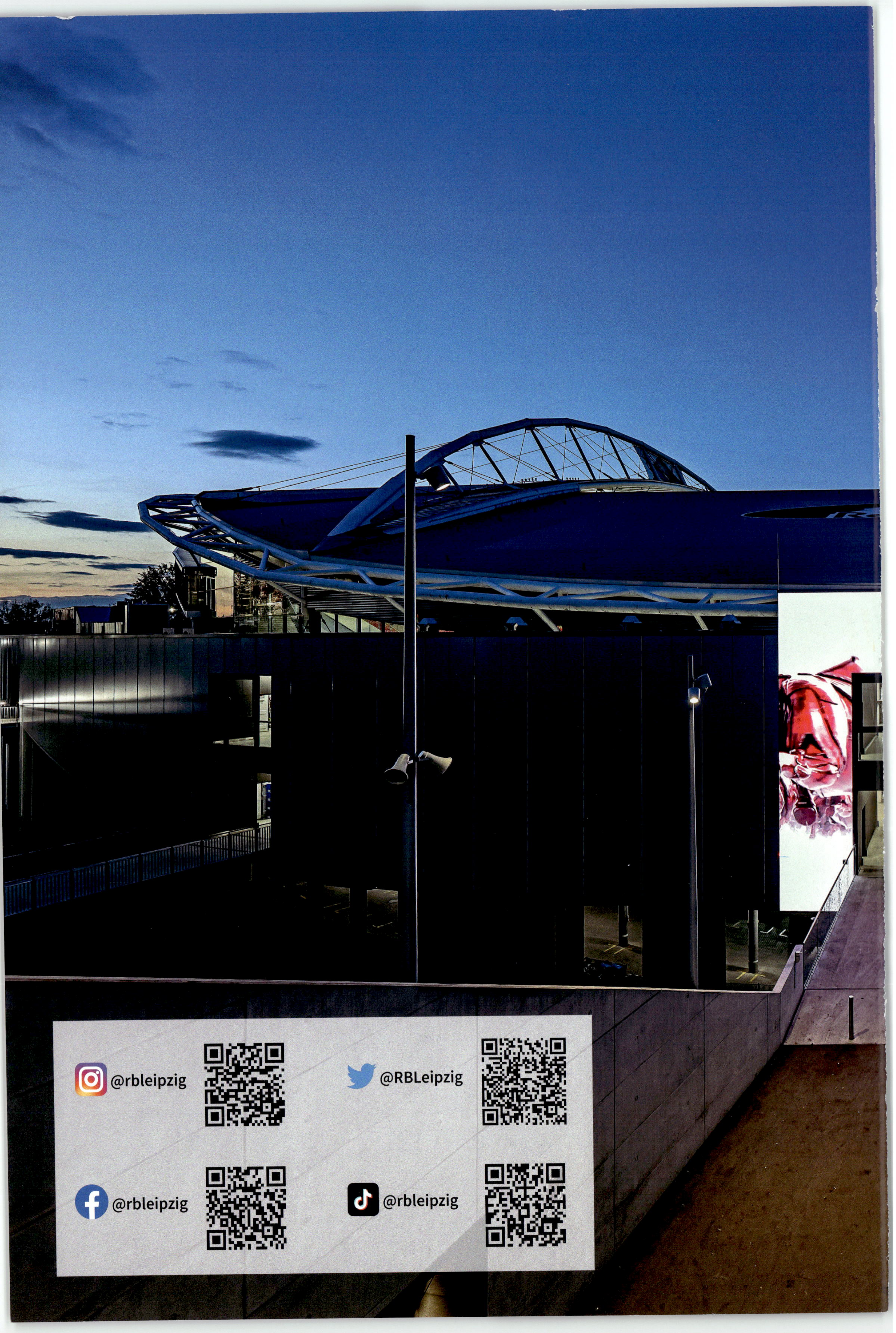
@rbleipzig
@RBLeipzig
@rbleipzig
@rbleipzig

STECKBRIEF

GEBURTSORT: Markranstädt

NATIONALITÄT: deutsch-österreichisch

GEBURTSTAG: 19. Mai 2009 (Gründungsversammlung: 25. März 2009)

GRÖSSE: 22 stimmberechtigte Mitglieder, ca. 900 weitere (Aktive und Fördermitglieder, nicht stimmberechtigt)

POSITION: hängende Spitze hinter Bayern München

STATUS: in acht Jahren von der Oberliga in die Champions League, spaltet den deutschen Fußball, auf der Jagd nach Titeln und Anerkennung, Top 25 in Europa

NATIONALMANNSCHAFTEN: 18 A-Nationalspieler (Stand: März 2023)

BESONDERHEIT: ist Teil der Red-Bull-Fußballfamilie mit Klubs in Österreich, Brasilien und den USA; Kooperation mit dem FC Goa (Indien)

Auflösungen der Quizfragen:

1a; 2c; 3b; 4b; 5a; 6c; 7b; 8a; 9c; 10b; 11c; 12a; 13c; 14a; 15b; 16a; 17c; 18b; 21a; 22c